한 눈에 보는
9개 기초 문장 패턴

문장을 만들 때 가장 중요한, **영어의 문장 패턴!**

<매일 기초 영어 패턴의 기적>에는 항상 같은 모양, 같은 뜻으로 사용되는 영어의 기초 문장 패턴 9가지가 제시되어 있습니다! 익히기도 쉽고 활용하기도 쉬운 9개 문장 패턴으로, 이제 기초 영어 회화의 말문을 터보세요!

❶ 가다 패턴   어디로 이동하다

go 동사 + 어디 [기존 1형식]

| **Go**
get, come,
move, run | **to the office.**
» **사무실**에 가라. |

❷ 되다 패턴   어떠한 상태가 되다

become 동사 + 어떠하다 [기존 2형식]

| **Become**
go, get,
come, turn | **popular.**
» **인기 많게** 되어라. |

> **무엇, 누구**   사람, 사물 등을 나타내는 명사입니다.
> e.g. work(직장), goal(목표), bed(침대), he(그), I(나)

> **어디**   위치나 방향을 나타내는 전치사·부사구입니다.
> e.g. to work(직장으로), into bed(침대 안으로)

> **어떠하다**   상태를 나타내는 형용사입니다.
> e.g. handsome(잘생긴), popular(인기 많은), fixed(수리된)

❸ 가게 하다 패턴   무엇을 어디로 이동시키다

get 동사 + 무엇 + 어디   [기존 3형식]

| **Get**
take, move,
bring, lead | **them into the store.**
» 그것들을 가게 안으로 가져와라. |

❹ 되게 하다 패턴   무엇을 어떠한 상태로 만들다

make 동사 + 무엇 + 어떠하다   [기존 5형식]

| **Make**
have, get,
turn | **him popular.**
» 그를 인기 많게 만들어라. |

매일 10분
기초 영어 패턴의 기적

키 영어학습방법 연구소

영어패턴이 보이고
영어회화가 된다!

가장 많이 쓰는
41개 빈출 동사로
9개 기초 문장 패턴 완성!

기초 영어에 필수적인
문장 패턴 30일 완성!

교육 R&D에 앞서가는
Key 키출판사

기초 영어회화,
문장 패턴 + 고빈출 동사로 잡는다!

영어, 문장만 만들 줄 알면 된다!

아는 영단어만 나열하며 바디랭귀지로 때우는 당신. 외운 회화 표현만 앵무새처럼 반복하는 당신. 그런데 단어와 회화 표현들을 아무리 열심히 외워도, 상황이 조금만 바뀌면 벙어리가 되는 자신을 보면 답답하시죠?

Would you? Beer? One! Open! For me!

해줄래요? 맥주? 하나! 열어! 날 위해!

이런 제자리걸음에서 벗어나는 유일한 방법!
필요한 단어들을 조립하여 **문장을 만들 줄 아는 응용력**을 키우는 것입니다.

Open me a beer!

나에게 맥주를 하나 따줘!

영어 문장의 9가지 패턴

그렇다면 문장 응용력은 어떻게 키울까요? 먼저, **문장을 조립하는 기본 패턴**을 익혀야 합니다. 예를 들면, '4형식'이라고도 알려진 주다 패턴이 있는데요. 항상 '동사 + 누구 + 무엇'의 패턴으로 쓰이고, '누구에게 무엇을 주다'라고 해석됩니다.

주다 패턴: **누구**에게 **무엇**을 주다

	누구	무엇	
Give	me	a beer	나에게 맥주를 **줘**.
Bring	me	a beer	나에게 맥주를 **가져와줘**.
Buy	me	a beer	나에게 맥주를 **사줘**.
Open	me	a beer	나에게 맥주를 **따줘**.

<매일 10분 기초 영어 패턴의 기적>에서는, 이러한 문장 패턴 중에서도 **가장 기본적인 9가지의 문장 패턴**을 다양한 예문을 통해 연습해볼 수 있습니다.

(교재에 부착된 '한 눈에 보는 9개 기초 문장 패턴' 참조)

가장 자주 쓰는 **41개의 고빈출 기초 동사**

한 가지 문장 패턴에서도 다양한 동사를 쓸 수 있는데요. 하지만, 실제 원어민들은 **쉽고 기초적인 동사들을 훨씬 더 자주** 씁니다. <매일 10분 기초 영어 패턴의 기적>은 4억 5천만 단어로 이루어진 영어 빅데이터에서 10만 번 이상 쓰인 41개의 고빈출 동사를 선별하여, 패턴별로 연습할 수 있도록 구성하였습니다.

● **주다** 패턴 | 누구에게 **무엇**을 주다

get	99.2만번 빈출 TOP
make	85.7만번
give	38.4만번

이렇게 공부하세요!

1 챕터별 기초 문장 패턴

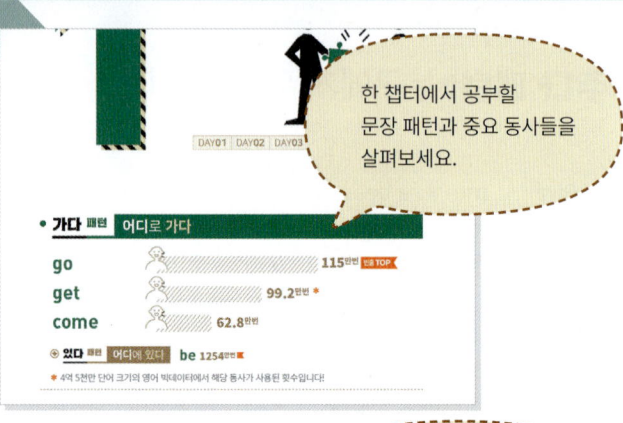

한 챕터에서 공부할 문장 패턴과 중요 동사들을 살펴보세요.

2 DAY별 고빈출 동사

각 DAY에는 해당 문장 패턴으로 쓸 수 있는 고빈출 동사가 2개씩 제시됩니다.

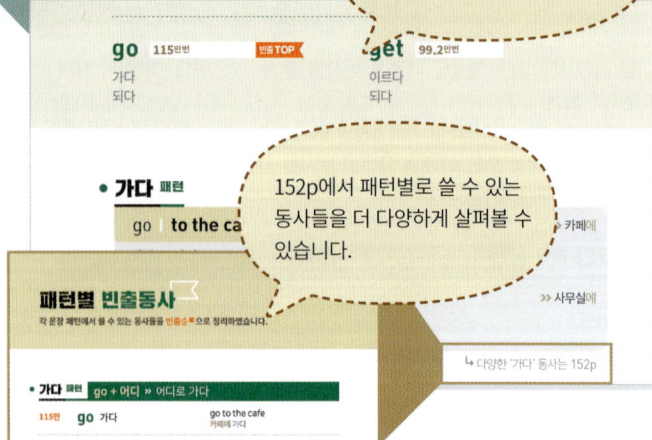

152p에서 패턴별로 쓸 수 있는 동사들을 더 다양하게 살펴볼 수 있습니다.

3 패턴별 예문으로 문장에 익숙해지기

각 DAY마다 다루는 고빈출 동사 2개를 다양한 문장 패턴별 예문 속에서 다시 만나보세요!

동사로 읽기
동사를 보고 알맞은 문장을

go

01 Let's **go** to
   가자 / 카페에.
   패턴 go + 어디

02 The milk
   우유는 / 됐다 / 상하게.
   패턴 go + 어떠하다

패턴으로 말하기
패턴에 알맞은 문장을 동사

어디로 가다

05 Let's **go** to the
   우리 식당에 가자.

06 He **got** to the office.
   그는 사무실에 도착했다.

07 I **got** to work at 8 a.m.

4 실전 상황 회화로 문장 만들어 보기

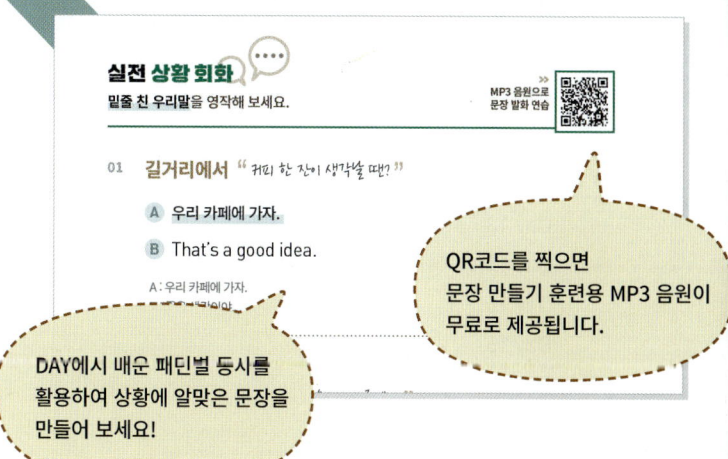

실전 상황 회화
밑줄 친 우리말을 영작해 보세요.

>> MP3 음원으로 문장 발화 연습

01 **길거리에서** " 커피 한 잔이 생각날 때? "

   A 우리 카페에 가자.
   B That's a good idea.

   A: 우리 카페에 가자.

QR코드를 찍으면 문장 만들기 훈련용 MP3 음원이 무료로 제공됩니다.

DAY에서 배운 패턴별 동사를 활용하여 상황에 알맞은 문장을 만들어 보세요!

목차

[펼쳐 보는 부록] 한 눈에 보는 9개 기초 문장 패턴

Chapter 1 가다 패턴 & 되다 패턴

Day 01 ———————————————————— 09
Day 02 ———————————————————— 13
Day 03 ———————————————————— 17
Day 04 ———————————————————— 21
Day 05 ———————————————————— 25
Day 06 ———————————————————— 29

Chapter 2 가게 하다 패턴 & 되게 하다 패턴

Day 07 ———————————————————— 35
Day 08 ———————————————————— 39
Day 09 ———————————————————— 43
Day 10 ———————————————————— 47
Day 11 ———————————————————— 51
Day 12 ———————————————————— 55

Chapter 3 하다 패턴 & 가지다 패턴

Day 13 ———————————————————— 61
Day 14 ———————————————————— 65
Day 15 ———————————————————— 69
Day 16 ———————————————————— 73
Day 17 ———————————————————— 77

Chapter 4 　하게 하다 패턴

Day 18 ——— 83
Day 19 ——— 87
Day 20 ——— 91
Day 21 ——— 95
Day 22 ——— 99

Chapter 5 　주다 패턴

Day 23 ——— 105
Day 24 ——— 109
Day 25 ——— 113
Day 26 ——— 117

Chapter 6 　생각하다 패턴

Day 27 ——— 123
Day 28 ——— 127
Day 29 ——— 131
Day 30 ——— 135

· 부록　　회화가 편해지는 빈출 동사 **PLUS⁺ 5** ——— 140

· 패턴별 빈출 동사 ——— 152

Chapter 1

| DAY01 | DAY02 | DAY03 | DAY04 | DAY05 | DAY06 |

• 가다 패턴 어디로 가다

- go — 115만번 빈출 TOP
- get — 99.2만번 *
- come — 62.8만번

⊕ **있다** 패턴 어디에 있다   be 1254만번

* 4억 5천만 단어 크기의 영어 빅데이터에서 해당 동사가 사용된 횟수입니다!

• 되다 패턴 무엇이 되다 · 어떠하게 되다

- go — 115만번 빈출 TOP
- get — 99.2만번
- become — 25.9만번

⊕ **이다** 패턴 무엇이다 · 어떠하다   be 1254만번

DAY 01 **가다** 패턴 & **되다** 패턴

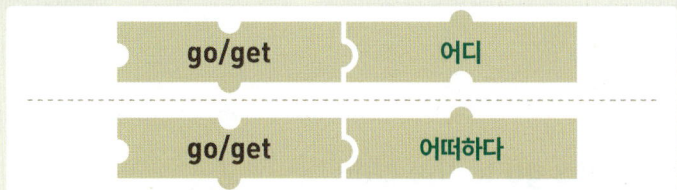

→ go와 get은 위치의 변화를 나타내는 대표적인 이동 동사입니다. **go/get + 어디**의 패턴으로 사용되며 **어디로 가다 • 어디에 이르다**라는 의미를 지닙니다. 뿐만 아니라 **go/get + 어떠하다**의 형태에서는 상태의 변화 또한 나타낼 수 있는데, 꽤 자주 **어떠하게 되어버리다**라는 부정적인 의미로 해석됩니다.

go 115만번 〔빈출 TOP〕
가다
되다

get 99.2만번
이르다
되다

• 가다 패턴

go | to the cafe 》 카페에
가다 + 어디로

get | to the office 》 사무실에
이르다 + 어디에

↳ 다양한 '가다' 동사는 152p

• 되다 패턴

go | bad 》 상하게
되다 + 어떠하게

get | sick 》 아프게
되다 + 어떠하게

↳ 다양한 '되다' 동사는 153p

동사로 읽기

동사를 보고 알맞은 문장 **패턴**을 읽어내보세요.

---

go
went 갔다/됐다

01 Let's **go** to the cafe.

가자 / 카페에.

패턴 go + 어디

let's
~하자

02 The milk **went** bad.

우유는 / **됐다** / 상하게.

패턴 go + 어떠하다

bad
나쁜; 상한

---

get
got 이르렀다/됐다

03 She **gets** to work at 9:00 a.m.

그녀는 / **도착한다** / 직장에 / 오전 아홉시에.

패턴 get + 어디

work
직장

> ⏱10초 팝업 문법
> 주어가 그, 그녀, 이것(그것)일 때는 동사에 -(e)s를 붙여요.
> ▶ go → goes / get → gets

04 I **got** sick.

나는 / **됐다** / 아프게.

패턴 get + 어떠하다

sick
아픈

패턴으로 말하기

패턴에 알맞은 **동사** 로 문장을 말해보세요.

어디로 **가다**

05 Let's **go** to the restaurant.
우리 식당에 **가자**.

restaurant
식당

06 He **got** to the office.
그는 사무실에 **도착했다**.

office
사무실

07 I **got** to work at 8 a.m.
나는 오전 8시에 직장에 **도착했다**.

08 Let's **get** to the point.
우리 요점에 **도달하자**(=요점을 말하자).

point
요점

어떠하게 **되다**

09 The chicken **went** bad.
닭고기가 상하게 **됐다**(=상했다).

10 I **got** hungry.
나는 배고파**졌다**.

hungry
배고픈

실전 상황 회화

밑줄 친 우리말을 영작해 보세요.

01 길거리에서 " 커피 한 잔이 생각날 땐? "

A <u>우리 카페에 가자.</u>

B That's a good idea.

A : 우리 카페에 가자.
B : 좋은 생각이야.

---

02 직장에서 " 우리 회사도 10시 출근이면 좋겠다 "

A <u>그녀는 오전 10시에 직장에 도착해.</u>

B Oh, I envy her. <u>나는 오전 7시에 직장에 도착해.</u>

A : 그녀는 오전 10시에 출근해.
B : 오, 부럽군. 나는 7시에 출근하는데.

---

03 식당에서 " 음식은 잘 확인하고 먹어야 해요! "

A <u>나는 아프게 됐어요</u> after dinner yesterday.

B Oh, maybe <u>닭고기가 상했나 봐요.</u>

A : 어제 저녁을 먹은 뒤에 탈이 났어요.
B : 오, 아마 닭고기가 상했나 봐요.

정답
01 Let's go to the cafe.
02 She gets to work at 10 a.m. / I get to work at 7 a.m.
03 I got sick / the chicken went bad.

DAY 02 가다 패턴 & 되다 패턴

come/turn	어디
come/turn	어떠하다

➡ come과 turn 역시 이동의 의미를 가진 동사입니다. **come/turn + 어디**의 형태로 쓰이며 **어디로 오가다 • 돌아서다**라고 해석됩니다. 다른 많은 '가다' 동사들처럼, come과 turn은 '되다' 동사로도 쓰일 수 있습니다. 이때에는 **come/turn + 어떠하다**의 패턴으로 쓰며 **어떠하게 되다**라고 해석합니다.

come 62.8만번
오다, 가다
되다

turn 22.1만번
돌아서다
되다

• 가다 패턴

come | to Korea 　　》 한국으로
오다, 가다 + 어디로

turn | to the left 　　》 왼쪽으로
돌아서다 + 어디로

↳ 다양한 '가다' 동사는 152p

• 되다 패턴

come | true 　　》 진짜로(현실로)
되다 + 어떠하게

turn | yellow 　　》 노랗게
되다 + 어떠하게

↳ 다양한 '되다' 동사는 153p

동사로 읽기

동사를 보고 알맞은 문장 패턴을 읽어내보세요.

---

come
came 왔다, 갔다/됐다

01 He **comes** to Korea tomorrow.

그가 / **온다** / 한국으로 / 내일.

패턴 come + 어디

tomorrow
내일

---

02 Dreams **come** true!

꿈은 / **된다** / 현실로(=실현된다)!

패턴 come + 어떠하다

true
진짜인, 사실인

---

turn
turned 돌아섰다/됐다

03 Just **turn** to the left.

그냥 / **돌아서라** / 왼쪽으로.

패턴 turn + 어디

left
왼쪽

---

04 Leaves **turned** yellow.

잎들이 / **됐다** / 노랗게.

패턴 turn + 어떠하다

leaf-leaves
잎-잎들

> ⏱10초 팝업 문법
> 'turn into + 명사'로 '무엇이 되다'를 표현할 수도 있어요.
> ▶ It turned into a big fight. 그것은 큰 싸움이 됐다.

패턴으로 말하기

패턴에 알맞은 **동사** 로 문장을 말해보세요.

어디로 **가다**

05 She **comes** to Korea tomorrow.
그녀는 내일 한국에 **온다**.

06 **Come** back later!
나중에 다시 **와라**!

back 다시, 뒤로
later 나중에

07 I **turned** back to the office.
나는 다시 사무실로 **돌아갔다**.

08 **Turn** to the right.
오른쪽으로 **돌아서라**.

right 오른쪽

어떠하게 **되다**

09 My dream finally **came** true!
내 꿈이 마침내 현실이 **됐다**!

finally 마침내

10 Leaves **turn** red and yellow.
잎들이 빨갛고 노랗게 **된다**.

실전 상황 회화

밑줄 친 우리말을 영작해 보세요.

MP3 음원으로 문장 발화 연습

01 여행지에서 " 드디어 미국 땅을 밟았다! "

A **내 꿈이 마침내 실현되었어!** I'm in the U.S.!

B Welcome to America!

A : 내 꿈이 마침내 실현되었어! 내가 미국에 있다니!
B : 미국에 온 걸 환영해!

02 약속 장소에서 " 북적이는 거리, 내 친구는 어디에? "

A (통화 중) Where are you now?

B **그냥 왼쪽으로 돌아봐.** I'm beside the bookstore.

A : 너 어디에 있니?
B : 그냥 왼쪽으로 돌아봐. 난 서점 옆에 있어.

03 학교에서 " 아름답게 물든 한국의 가을! "

A My friend comes to Korea tomorrow.

B It's the best time of year.
잎들이 빨갛고 노랗게 되지.

A : 내 친구가 내일 한국에 와.
B : 일 년 중 가장 좋을 때지. 잎들이 빨갛고 노랗게 되잖아.

정답
01 My dream finally came true!
02 Just turn to the left.
03 Leaves turn red and yellow.

DAY 03 가다 패턴 & 되다 패턴

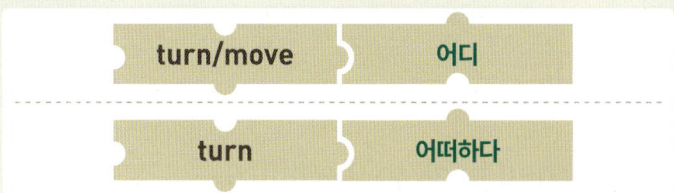

→ move도 turn처럼 이동의 의미를 가진 동사입니다. **turn/move + 어디**의 형태로 쓰이며, **어디로 돌아서다 • 이동하다**의 의미로 사용됩니다. move는 또한 Chapter 2에서 배울 '가게 하다' 동사이기도 한데요. move + 무엇 + 어디의 형태로 쓰이며, '무엇을 어디로 이동시키다' 라고 해석합니다.

turn 22.1만번
돌아서다
되다

move 17.9만번
이동하다
이동시키다

● 가다 패턴

turn | to the right 》 오른쪽으로
돌아서다 + 어디로

move | to another team 》 다른 팀으로
이동하다 + 어디로

↳ 다양한 '가다' 동사는 152p

● 되다 패턴

turn | yellow 》 노랗게
되다 + 어떠하게

↳ 다양한 '되다' 동사는 153p

○ 가게 하다 패턴

move | it | to my room 》 그것을 내 방으로
이동시키다 + 무엇을 + 어디로

↳ 다양한 '가게 하다' 동사는 154p

동사로 읽기

동사를 보고 알맞은 문장 패턴을 읽어내보세요.

---

turn
turned 돌아섰다/됐다

01 I **turned** back to the office.

나는 / **돌아왔다** / 다시 사무실로.

패턴 turn + 어디

back
다시, 뒤로

---

02 Leaves **turned** yellow.

잎들이 / **됐다** / 노랗게.

패턴 turn + 어떠하다

---

move
moved 이동했다/이동시켰다

03 I **moved** to the marketing team.

나는 / **이동했다** / 마케팅 팀으로.

패턴 move + 어디

---

04 **Move** it to my room.

옮겨라 / 그것을 / 내 방으로.

패턴 move + 무엇 + 어디

room
방

패턴으로 말하기

패턴에 알맞은 **동사** 로 문장을 말해보세요.

어디로 **가다**

05 He **turned** back to the airport.
그는 공항으로 다시 **돌아왔다**.

airport
공항

06 My friends **moved** in today.
내 친구들이 오늘 안으로 이동했다(=**이사 왔다**).

07 They just **moved** out.
그들은 막 밖으로 이동했다(=**이사 갔다**).

> ⏱ **10초 팝업 문법**
> in은 '안으로', out은 '밖으로'라는 뜻을 지닙니다.
> ▶ move in 이사해 오다 ▶ move out 이사해 가다(나가다)

어떠하게 **되다**

08 The weather **turned** cold.
날씨가 춥게 **됐다**.

weather 날씨
cold 추운

무엇을 어디로 **이동시키다**

09 Let's **move** it to a warm place.
우리 그것을 따뜻한 장소로 **옮기자**.

warm 따뜻한
place 장소

10 **Move** this flower pot to my room.
이 화분을 내 방으로 **옮겨라**.

flower pot
화분

실전 상황 회화
밑줄 친 우리말을 영작해 보세요.

MP3 음원으로 문장 발화 연습

---

01 공항에서 "즐거운 여행의 걸림돌, 비행기 회항"

A The flight 공항으로 돌아왔어.

B What happened?

A : 비행기가 공항으로 회항했어.
B : 무슨 일이야?

---

02 사무실에서 "꿈에 그리던 마케팅 부서 발령!"

A Guess what? 나 마케팅 팀으로 이동했어.

B Good for you!

A : 있잖아, 나 마케팅 팀으로 이동했어.
B : 잘됐다!

---

03 사무실에서 "추운 날엔 화분을 들여놓아 주세요~"

A 날씨가 추워졌어요.

B 우리 이 화분을 따뜻한 곳으로 옮겨요.

A : 날씨가 추워졌어요.
B : 이 화분을 따뜻한 곳으로 옮깁시다.

정답 **01** turned back to the airport.
02 I moved to the marketing team.
03 The weather turned cold. / Let's move this flower pot to a warm place.

DAY 04 **가다** 패턴 & **되다** 패턴

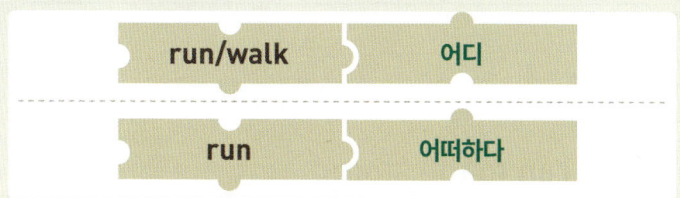

→ 단순히 '뛰다, 걷다'로 많이들 알고 있는 run과 walk는 사실, **run/walk + 어디**의 형태로 자주 쓰입니다. 이때엔 **어디로 달려가다 · 걸어가다**라고 해석합니다. 또, run은 '되다' 동사이기도 한데요. **run + 어떠하다**의 패턴으로 쓰면 **어떠하게 되어버리다**라고 해석됩니다. walk는 무엇을 '걷게 한다'라는 의미에서 '산책시키다'라고도 해석됩니다.

---

run 18.7만번
달려가다
되어버리다

walk 11.3만번
걸어가다
➕ 산책시키다

● **가다** 패턴

| run | to the store | »» 가게로
달려가다 + 어디로

| walk | to the office | »» 사무실로
걸어가다 + 어디로

↳ 다양한 '가다' 동사는 152p

● **되다** 패턴

| run | short | »» 부족하게
되어버리다 + 어떠하게

↳ 다양한 '되다' 동사는 153p

○ 산책시키다

| walk | my dog | »» 내 개를
산책시키다 + 무엇을

동사로 읽기

동사를 보고 알맞은 문장 패턴을 읽어내보세요.

---

run
ran 달려갔다 / 되어버렸다

01 He **ran** to the store.

그는 / **달려갔다** / 가게로(=장보러 갔다).

패턴 run + 어디

run to the store
장보러 가다

---

02 The water supply **ran** short.

수도 공급이 / **되어버렸다** / 부족하게.

패턴 run + 어떠하다

supply 공급
short 부족한

---

walk
walked 걸었다 / 산책시켰다

03 He **walked** down the street.

그는 / **걸어 내려갔다** / 길을.

패턴 walk + 어디

street
길

> ⏱10초 팝업 문법
> down은 '아래로', up은 '위로'라는 뜻을 지닙니다.
> ▶ He ran up the stairs. 그는 계단을 뛰어 올라갔다.

---

04 I **walked** my dog.

나는 / **산책시켰다** / 나의 개를.

패턴 walk + 무엇

패턴으로 말하기

패턴에 알맞은 **동사** 로 문장을 말해보세요.

어디로 **가다**

05 They **ran** to the bus stop.
그들은 버스 정류장으로 **뛰어갔다**.

bus stop
버스 정류장

06 He **ran** up the stairs.
그는 계단을 **뛰어 올라갔다**.

stairs
계단

07 I **walk** to the office every day.
나는 사무실로 매일 **걸어간다**.

어떠하게 **되어버리다**

08 Time **ran** out.
시간이 없게 **되어버렸다**(=없어지다, 다 쓰게 되다).

out
밖으로; 없는

09 The electricity supply **ran** short.
전기 공급이 부족하게 **되어버렸다**.

electricity
전기

무엇을 **산책시키다**

10 I **walk** my dog every morning.
나는 아침마다 내 개를 **산책시킨다**.

every ~마다
morning 아침

실전 상황 회화

밑줄 친 우리말을 영작해 보세요.

MP3 음원으로 문장 발화 연습

---

01 사무실에서 " 예상치 못한 정전 사태! 퇴근하면 안 될까요? "

A No AC? Why?

B <u>전기 공급이 부족해졌어.</u>

A : 에어컨이 안 된다고? 왜?
B : 전기 공급이 부족해졌어.

---

02 동물 병원에서 " 반려동물에게도 운동은 중요해요! "

A <u>나는 매일 아침 그를 산책시켜요.</u>

B Wow. Good for him!

A : 저는 강아지를 아침마다 산책시켜요.
B : 우와. 강아지는 참 좋겠네요!

---

03 출근길에 " 생활 운동도 꾸준히만 한다면 도움이 된다고! "

A Do you exercise?

B <u>매일 아침 사무실에 걸어가요.</u>
And <u>계단을 뛰어 올라가요</u> to the 5th floor.

A : 운동하시나요?
B : 아침마다 사무실에 걸어서 가요.
그리고 5층까지 계단을 뛰어 올라가죠.

정답
01 The electricity supply ran short.
02 I walk him every morning.
03 I walk to the office every morning. / I run up the stairs

DAY 05 가다 패턴 & 되다 패턴

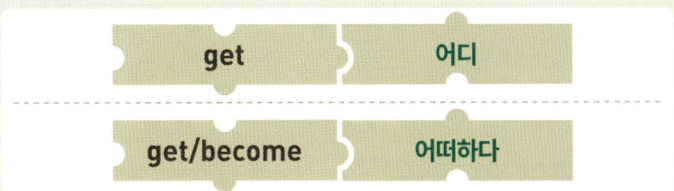

→ get과 become은 **어떠해지다・어떠하게 되다**라는 의미를 지닌 대표적인 변화의 동사입니다. **get/become + 어떠하다**의 형태로 사용됩니다. **get**은 DAY 01에서 배웠듯, **어디에 이르다**라는 의미를 지닌 '가다' 동사이기도 합니다. become은 '누구에게 어울리다'로 해석되기도 합니다.

---

get 99.2만번
되다
이르다

become 25.9만번
되다
+ 어울리다

● 되다 패턴

get | mad ≫ 매우 화나게
되다 + 어떠하게

become | jammed ≫ 꽉 막히게
되다 + 어떠하게

↳ 다양한 '되다' 동사는 153p

● 가다 패턴

get | to work ≫ 직장에
이르다 + 어디에

↳ 다양한 '가다' 동사는 152p

● 어울리다

become | you ≫ 너에게
어울리다 + 누구에게

동사로 읽기

동사를 보고 알맞은 문장 패턴을 읽어내보세요.

---

get
got 됐다/이르렀다

01 He **got** so mad.

그는 / **됐다** / 정말 / 매우 화나게.

패턴 get + 어떠하다

so 정말
mad 매우 화난

02 I **got** to work.

나는 / **도착했다** / 직장에.

패턴 get + 어디

---

become
became 됐다/어울렸다

03 The road **became** jammed.

도로가 / **됐다** / 꽉 막히게.

패턴 become + 어떠하다

road 도로
jammed 꽉 막힌

04 They don't **become** you.

그것들은 / **어울리지 않는다** / 너에게.

패턴 become + 누구

> ⏱ 10초 팝업 문법
> 동사 앞에 don't나 doesn't를 붙이면 '~하지 않는다'가 돼요.
> ▶ That doesn't become you. 그것은 너에게 어울리지 않는다.

패턴으로 말하기

패턴에 알맞은 **동사** 로 문장을 말해보세요.

어떠하게 되다

05 Your boss **got** so mad.
너의 상사가 정말 매우 화나게 **됐다**.

boss
상사

06 You **got** promoted.
너는 승진**됐다**.

promoted
승진된

07 The exit **became** jammed.
출구가 꽉 막히게 **됐다**.

exit
출구

어디로 가다

08 I **got** to work at 9:05 a.m.
나는 오전 9시 5분에 직장에 **도착했다**.

09 She **got** to the office.
그녀는 사무실에 도착했다.

누구에게 어울리다

10 Your new hair **becomes** you!
너의 새로운 머리가 너에게 **어울린다**!

new 새로운
hair 머리

실전 상황 회화

밑줄 친 우리말을 영작해 보세요.

MP3 음원으로 문장 발화 연습

---

01 쇼핑할 때 " 거울아 거울아, 뭐가 제일 어울리니? "

A Honey, how about these hats?

B 그것들은 너에게 어울리지 않아. How about this one?

A : 자기야, 이 모자들 어때?
B : 어울리지 않는 걸. 이건 어때?

---

02 운전할 때 " 막힌 고속도로, 타는 내 마음 "

A Sorry, 길이 꽉 막혔어요.

B Oh God. 당신의 상사가 정말 매우 화났어요.

A : 죄송해요, 길이 꽉 막혔어요.
B : 오 이런. 당신의 상사가 매우 화났어요.

---

03 사무실에서 " 간발의 차이로 지각, 속이 쓰리네요 "

A 나는 오전 9시 5분에 직장에 도착했어.

B Oh, you were late today.

A : 오전 9시 5분에 회사에 도착했어.
B : 이런, 너 오늘 늦었구나.

정답
01 They don't become you.
02 the road became jammed. / Your boss got so mad.
03 I got to work at 9:05 a.m.

DAY 06 **있다** 패턴 & **이다** 패턴

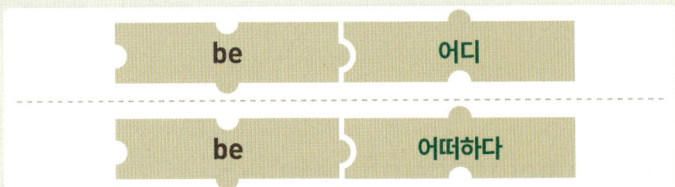

➡ be 동사는 앞서 배운 '가다' 동사들처럼 **be + 어디**의 형태로 자주 쓰입니다. 그런데 이때에는 어디로 '가다'가 아니라, 그냥 **어디에 있다**라고 해석됩니다. 또한 be 동사는 앞서 배운 '되다' 동사들처럼 **be + 어떠하다**의 형태로도 자주 쓰이는데요. 이때에도 어떠하게 '되다'가 아니라, 그냥 **어떠하다**라고 해석됩니다.

---

get 99.2만번

이르다
되다

be 1254만번   빈출 TOP

있다
어떠하다

● **가다** 패턴 vs **있다** 패턴

| get | to the office | ≫ 사무실에
이르다 + 어디에

| be | in the office | ≫ 사무실에
있다 + 어디에

↳ 다양한 '있다' 동사는 153p

● **되다** 패턴 vs **이다** 패턴

| get | old | = 나이 들다
되다 + 어떠하게

| be | old | = 늙었다
어떠하다

동사로 읽기

동사를 보고 알맞은 문장 패턴을 읽어내보세요.

---

get
got 이르렀다/됐다

01 She **got** to the office late.

그녀는 / **도착했다** / 사무실에 / 늦게.

패턴 get + 어디

late
늦게

---

02 Her boss **got** mad.

그녀의 상사는 / **됐다** / 매우 화나게.

패턴 get + 어떠하다

---

be
was/were 있었다, 였다

03 He **is** in the office now.

그는 / **있다** / 사무실 안에 / 지금.

패턴 be + 어디

---

04 His boss **is** already mad.

그의 상사는 / 이미 / **화가 나 있다**.

패턴 be + 어떠하다

already
이미

⏱10초 팝업 문법 1	⏱10초 팝업 문법 2
'be+무엇'으로 '무엇이다'를 표현할 수도 있어요.	'아니다'는 not으로 표현해요.
▶ I am a student. 학생이다.	▶ I am not a student. 학생이 아니다.

패턴으로 말하기

패턴에 알맞은 <u>**동사**</u> 로 문장을 말해보세요.

어디로 **가다** vs. 어디에 **있다**

05 She **gets** to work late every day.
그녀는 맨날 직장에 늦게 **도착한다**.

06 I **am** still at work.
나는 아직 직장에 **있다**.

still
아직

07 I **am** already at the restaurant.
나는 이미 레스토랑에 **있다**.

어떠하게 **되다** vs. 어떠**하다**

08 My dog **got** old and lazy.
내 개는 나이 **들고** 게을러**졌다**.

lazy
게으른

09 This boy **is** old and lazy.
이 녀석은 **늙었고** 게으르다.

boy
아이, 녀석

10 He **is** late today.
그는 오늘 **늦는다**.

late
늦은; 늦게

실전 상황 회화

밑줄 친 우리말을 영작해 보세요.

MP3 음원으로 문장 발화 연습

01 사무실에서 "김 대리 왜 사무실에 없어?"

A Where is Tom? 그가 사무실에 없어.

B 그는 오늘 늦어요. He went to the hospital.

A : 톰 어디 있어? 사무실에 없네.
B : 오늘 늦어요. 병원 갔어요.

02 데이트할 때 "우리 100일인데, 야근? 진짜 이럴기야?"

A Honey, 나 아직 직장에 있어.

B What? Just come out! 난 이미 레스토랑에 있다고.

A : 자기야, 나 아직 회사야.
B : 뭐? 그냥 나와! 난 이미 레스토랑에 있다고.

03 동물 병원에서 "우리 집 강아지는 사람으로 치면 환갑이래요!"

A Wow, your dog is 15 years old now.

B Yeah, 이 녀석은 이제 늙었고 게을러요.

A : 우와, 당신 개가 이제 15살이군요.
B : 맞아요, 이제 늙고 게으르죠.

정답
01 He is not in the office. / He is late today.
02 I am still at work. / I am already at the restaurant.
03 this boy is old and lazy now.

Chapter 1
Review

- **가다** 패턴 | 어디로 가다

Go / Get / Come + **to the cafe.**
카페로

⊕ **있다** 패턴 | 어디에 있다 ▶ I am in the office. 사무실에 있다.

- **되다** 패턴 | 무엇이 되다 · 어떠하게 되다

They + go / get / become + **mad.**
매우 화난

⊕ **이다** 패턴 | 무엇이다 ▶ They are mine. 내 것이다.
어떠하다 ▶ He is mad. 매우 화났다.

Chapter 2

| DAY07 | DAY08 | DAY09 | DAY10 | DAY11 | DAY12 |

● **가게 하다** 패턴 | 무엇을 어디로 가게 하다

- **get** 99.2만번 빈출TOP
- **take** 67만번
- **move** 17.9만번

⊕ **있게 하다** 패턴 | 무엇을 어디에 있게 하다 | **put** 23.7만번 **set** 12.7만번

● **되게 하다** 패턴 | 무엇을 어떠하게 되게 하다

- **have*** 430만번 빈출TOP
- **get** 99.2만번
- **turn** 22.1만번

＊ Chapter 4에서 '하게 하다' 패턴과 함께 공부해보세요!

⊕ **하게 두다** 패턴 | 무엇을 계속 어떠하게 두다 | **leave** 24만번 **keep** 23.1만번

DAY 07 가게 하다 패턴 & 되게 하다 패턴

➜ '얻다 • 취하다'로 많이 알고 있는 get과 take는 사실, **무엇을 어디로 가게 하다 • 데려가다**라고 해석되는 **가게 하다** 동사이기도 합니다. 이때에는 **get/take + 무엇 + 어디**의 형태로 사용됩니다. get은 **무엇을 어떠해지게 하다**라고 해석되는 **되게 하다** 동사이기도 한데요. 이때에는 **get + 무엇 + 어떠하다**의 패턴으로 쓰입니다.

get 99.2만번 [빈출 TOP]
가게 하다
어떠해지게 하다

take 67만번
데려가다
➕ 취하다

● 가게 하다 패턴

| get | the boxes | into the store | ≫ 상자들을 가게 안으로
가게 하다 + 무엇을 + 어디에

| take | her | home | ≫ 그녀를 집으로
데려가다 + 누구를 + 어디로

↳ 다양한 '가게 하다' 동사는 154p

● 되게 하다 패턴

| get | the car | fixed | ≫ 차를 고쳐지게
되게 하다 + 무엇을 + 어떠해지게

↳ 다양한 '되게 하다' 동사는 155p

○ 취하다

| take | a break | ≫ 휴식을
취하다 + 무엇을

동사로 **읽기**

동사를 보고 알맞은 문장 패턴을 읽어내보세요.

---

get
got 가게 했다/~해지게 했다

01 Get the boxes into the store.

들여와라 / 상자들을 / 가게 안으로.

패턴 get + 무엇 + 어디

store
가게

---

02 I got your car fixed.

나는 / ~해지게 했다 / 당신의 차를 / 고쳐지게.

패턴 get + 무엇 + 어떠해지다

fix-fixed
고치다-고쳐진

> ⏱10초 팝업 문법
> 동사들은 대부분 -ed가 붙으면 '~해진', '~된'이라는 의미의 단어가 됩니다. use 사용하다 ▶ a used car 사용된 차(=중고차)

---

take
took 데려갔다/취했다

03 I took her home.

나는 / **데려갔다** / 그녀를 / 집으로.

패턴 take + 누구 + 어디

home
집으로

---

04 Take a break.

취해라 / 휴식을 좀.

패턴 take + 무엇

break
휴식

패턴으로 말하기

패턴에 알맞은 **동사** 로 문장을 말해보세요.

무엇을 어디로 **가게 하다**

05 It **got** him into big trouble.
그것은 그를 큰 문제에 **이르게 했다**(=곤경에 처하게 했다).

trouble
문제, 골칫거리

06 **Take** her to the hospital.
그녀를 병원으로 **데려가라**.

hospital
병원

07 **Get** the customers into the store.
고객들을 가게 안으로 **오게 해라**.

customer
고객

무엇을 **취하다**

08 Let's just **take** a chance.
우리 그저 기회를 **취하자**(=기회를 잡자; 한번 해 보자).

chance
가능성, 기회

무엇을 **어떠해지게 하다**

09 **Get** it done right now.
그것을 지금 당장 완료**되게 해라**(=끝내 놔라).

do-done
하다-된, 완료된

10 **Get** the AC fixed right now.
에어컨을 지금 당장 고쳐**지게 해라**(=고쳐 놔라).

AC 에어컨
right now
지금 당장

실전 상황 회화

밑줄 친 우리말을 영작해 보세요.

MP3 음원으로 문장 발화 연습

---

01 호텔에서 "여름에 에어컨이 고장이라니!"

A Please, 지금 당장 에어컨 좀 고쳐주세요. It is so hot in here.

B Oh, I'm so sorry.

A : 제발, 지금 당장 에어컨 좀 고쳐주세요. 여기 너무 더워요.
B : 오, 정말 죄송합니다.

---

02 가게에서 "이봐 신입... 좀 쉬면서 하자고?"

A 손님들을 가게로 들어오게 하자고요!

B Hey... 휴식을 취하자 first.

A : 손님들을 가게로 오게 하자고요!
B : 이봐... 먼저 좀 쉬자.

---

03 병원 갈 때 "앰뷸런스보다는 오빠 등이 낫지?"

A Tom, 네 여동생을 병원에 데려다주거라.

B OK, Mom.

A : 톰, 네 여동생을 병원에 데려다주거라.
B : 알겠어요, 엄마.

정답
01 get the AC fixed right now.
02 Let's get the customers into the store! / Let's take a break
03 take your sister to the hospital.

DAY 08 가게 하다 패턴 & 되게 하다 패턴

| move/turn | 무엇 | 어디 |

| turn | 무엇 | 어떠하다 |

→ move와 turn은 Chapter 1에서 '어디로 가다 • 돌아서다'로 해석하는 '가다' 동사로 배웠었는데요. **move/turn + 무엇 + 어디**의 형태로 쓰면 **무엇을 어디로 가게 하다 • 향하게 하다**로 해석되기도 합니다. turn은 '되다' 동사이기도 했는데요. **turn + 무엇 + 어떠하다**의 패턴으로 쓰면 **무엇을 어떠하게 되게 하다**의 의미도 지닙니다.

move 17.9만번
이동시키다
이동하다

turn 22.1만번
돌리다
되게 하다

● 가게 하다 패턴

| move | the car | there |
이동시키다 + 무엇을 + 어디로
>> 차를 저기로

| turn | a gun | on me |
돌리다 + 무엇을 + 어디로
>> 총을 나에게

↳ 다양한 '가게 하다' 동사는 154p

● 되게 하다 패턴

| turn | the radio | down |
되게 하다 + 무엇을 + 어떠하게
>> 라디오(소리)를 줄어들게

↳ 다양한 '되게 하다' 동사는 155p

◦ 가다 패턴

| move | to another city |
이동하다 + 어디로
>> 다른 도시로

↳ 다양한 '가다' 동사는 152p

동사로 읽기

동사를 보고 알맞은 문장 **패턴**을 읽어내보세요.

---

move
moved 이동시켰다/이동했다

01 **Move** it here.

옮겨라 / 그것을 / 여기로.

패턴 move + 무엇 + 어디

here
여기에, 여기로

02 She **moved** to another place.

그녀는 / **이사했다** / 다른 장소로.

패턴 move + 어디

another place
다른 장소

---

turn
turned 돌렸다/되게 했다

03 He **turned** a gun on me.

그는 / **돌렸다** / 총을 / 나에게.

패턴 turn + 무엇 + 어디

04 **Turn** the radio off!

되게 해라 / 라디오를 / 꺼지게!

패턴 turn + 무엇 + 어떠하다

radio
라디오

> ⏱ **10초 팝업 문법**
> off는 '꺼진', '떨어진', on은 '켜진', '붙어 있는'으로 해석할 수 있습니다.
> ▶ Turn the TV on. TV를 켜라.

패턴으로 말하기

패턴에 알맞은 **동사** 로 문장을 말해보세요.

무엇을 어디로 가게 하다

05 Let's **move** our plan ahead.
우리 일정을 앞으로 **옮기자**(=일정을 앞당기자).

plan 계획, 일정
ahead 앞으로, 앞서

06 **Move** your car to another space.
네 자동차를 다른 공간으로 **옮겨라**.

space
공간

07 She **turned** her back on me.
그녀는 그녀의 등을 나에게 **돌렸다**(=나를 등졌다, 떠났다).

back
등

어디로 가다

08 He **moved** to another city.
그는 다른 도시로 **이사했다**.

city
도시

무엇을 어떠하게 되게 하다

09 Let's **turn** the TV on.
우리 TV를 **켜지게 하자**.

10 **Turn** the radio down a little bit.
라디오(소리)를 약간 **줄어들게 해라**.

down 아래의; 줄어든
a little bit 약간, 조금

실전 상황 회화

밑줄 친 우리말을 영작해 보세요.

01 주차장에서 "주차 똑바로 안 해?!"

A Hey, hey! 당신의 차를 다른 공간으로 옮겨요! It's blocking mine!

B Oh, I am sorry.

A : 이봐요, 이봐요! 당신 차 다른 곳으로 옮겨요! 내 차를 가로막고 있잖아요!
B : 오, 죄송합니다.

---

02 경찰서에서 "좋은 영화 속에서만 보고 싶다고…"

A He shot in the air and 그의 총을 내게로 향했어요!

B OK, sir. Calm down. You are safe now.

A : 그 사람 허공에 총을 쏘더니, 자기 총을 내게 겨누었어요!
B : 알겠습니다, 선생님. 진정하세요. 이젠 안전하십니다.

---

03 도서관에서 "이어폰만 끼면 되는 게 아니라고!"

A Hey, 볼륨 좀 줄여. This is a reading room.

B Oh, OK.

A : 이봐, 볼륨 좀 줄여. 여기는 독서실이라고.
B : 오, 알겠어요.

정답
01 Move your car to another space!
02 turned his gun on me!
03 turn the volume down.

DAY 09 가게 하다 패턴

| take/bring | 무엇 | 어디 |

→ 의미가 유사한 take(취하다)와 bring(가져오다) 역시 자주 쓰이는 **가게 하다** 동사입니다. **take/bring + 무엇 + 어디**의 형태로 쓰여, **무엇을 어디로 데려가다·가져가다**라고 해석됩니다. 이에 더해 take와 bring은 'take a chance 기회를 잡다'나 'bring ~ to an end ~을 끝내다'와 같이 비유적인 숙어 표현을 자주 만들어 내기도 합니다.

take 67만번
데려가다
⊕ 취하다

bring 17.4만번
가져가다
⊕ 가져오다

● 가게 하다 패턴

| take | me | to the airport | 》 나를 공항으로

데려가다 + 누구를 + 어디로

| bring | some food | to the party | 》 약간의 음식을 파티에

가져가다 + 무엇을 + 어디로

↳ 다양한 '가게 하다' 동사는 154p

● 취하다 & 가져오다

| take | a chance | 》 기회를

취하다(=잡다) + 무엇을

| bring | your pajamas | 》 너의 잠옷을

가져오다 + 무엇을

동사로 읽기
동사를 보고 알맞은 문장 패턴을 읽어내보세요.

---

take
took 데려갔다/취했다

01 **Take** him to the airport.

데려가라 / 그를 / 공항으로.

패턴 take + 누구 + 어디

airport
공항

02 He **took** his chance.

그는 / **취했다** / 그의 기회를(=시도해보았다).

패턴 take + 무엇

---

bring
brought 가져갔다/가져왔다

03 I **brought** some food to the party.

나는 / **가져갔다** / 음식을 좀 / 파티에.

패턴 bring + 무엇 + 어디

party
파티

04 He always **brings** his lunch.

그는 / 항상 / **가져온다** / 그의 점심을.

패턴 bring + 무엇

> ⏱ 10초 팝업 문법
> always(항상), usually(보통), often(자주), never(절대)와 같이 얼마나 자주 하는지를 나타내는 말은 동사 앞, be 동사 뒤에 써요.

패턴으로 말하기

패턴에 알맞은 **동사** 로 문장을 말해보세요.

[무엇을 어디로 **가게 하다**]

05 He **brought** his wife to the party.
그는 그의 아내를 파티에 **데려왔다**.

wife
아내

06 Let's **bring** this meeting to an end.
우리 이 회의를 끝으로 **가져가자**(=끝내자).

07 Let me **take** you to the subway station.
내가 너를 지하철역으로 **데려다줄게**.

subway station
지하철역

[무엇을 **취하다**]

08 Let's **take** action.
우리 조치를 **취하자**.

action
행동, 조치

[무엇을 **가져오다**]

09 I **brought** my lunch.
나는 내 점심 식사를 **가져왔다**.

10 He always **brings** trouble.
그는 항상 문제를 **가져온다**(=문제를 불러온다; 말썽을 일으킨다).

trouble
문제, 골칫거리

실전 상황 회화

밑줄 친 우리말을 영작해 보세요.

MP3 음원으로 문장 발화 연습

01 배웅 나갈 때 "한밤중에 혼자 다니면 위험하다고!"

A It was fun. See you tomorrow.

B Oh, 널 지하철역으로 데려다줄게.

A: 재밌었어. 내일 보자.
B: 오, 널 지하철역으로 데려다줄게.

02 파티에서 "김 과장님 옆에 계신 절세미녀가 아내 분이라고?!"

A Look! 그가 파티에 그의 아내를 데리고 왔어.

B Wow, she is beautiful.

A: 봐! 그가 파티에 그의 아내를 데리고 왔어.
B: 우와, 아름다우시네.

03 가게에서 "이러다가는 쥐들에게 장사를 해야 할 판인 걸?"

A The rats 항상 문제를 불러와요!

B OK. 조치를 취합시다.

A: 쥐들이 항상 문제를 불러온다고요!
B: 알겠소. 조치를 취합시다.

정답
01 let me take you to the subway station.
02 He brought his wife to the party.
03 always bring trouble! / Let's take action.

DAY 10 있게 하다 패턴

➡ put과 set은 앞서 배운 '가게 하다' 동사들처럼 **put/set + 무엇 + 어디**의 패턴으로 사용됩니다. 하지만 **무엇을 어디에 두다 • 놓아두다**라고 해석되는데요. 때문에 '가게 하다' 동사가 아니라 그냥 **있게 하다** 동사라고 할 수 있겠습니다. put은 on과 함께 쓰이면, '(옷 등을) 착용하다'라고 해석되기도 합니다.

---

put 23.7만번
두다
⊕ 착용하다

set 12.7만번
놓아두다
⊕ 정하다

● 있게 하다 패턴

| put | the book | on the table | » 책을 탁자 위에 |

두다 + 무엇을 + 어디에

| set | chairs | around the table | » 의자들을 탁자 주변에 |

놓아두다 + 무엇을 + 어디에

↳ 다양한 '있게 하다' 동사는 154p

○ 착용하다

| put on | a jacket | » 재킷을 |

착용하다 + 무엇을

↳ on = 켜진, 붙어 있는 (DAY 08)

○ 정하다

| set | a date | » 날짜를 |

정하다 + 무엇을

동사로 읽기

동사를 보고 알맞은 문장 **패턴**을 읽어내보세요.

---

put
put 두었다/착용했다

01 **Put** the book on the table.
두어라 / 책을 / 탁자 위에.

패턴 put + 무엇 + 어디

---

02 **Put** on a jacket.
입어라 / 재킷을.

패턴 put on + 무엇

> ⏰ **10초 팝업 문법**
> '그 사람', '그것' 등으로 해석되는 대명사들은 put과 on의 사이에 놓습니다. ▶ Put it on. (O) Put on it. (X)

jacket
재킷, 얇은 외투

---

set
set 놓아뒀다/정했다

03 **Set** chairs around the table.
놓아둬라 / 의자들을 / 탁자 주변에.

패턴 set + 무엇 + 어디

around
주변에

---

04 Let's **set** a date.
정하자 / 날짜를.

패턴 set + 무엇

date
날짜

패턴으로 말하기

패턴에 알맞은 **동사** 로 문장을 말해보세요.

무엇을 어디에 **있게 하다**

05 **Put** the book on the shelf.
책을 선반 위에 **두어라**.

shelf
선반

06 She **put** him at ease.
그녀는 그를 편안함에 **있게 했다**(=편안하게 했다).

ease
편안함, 안락함

07 **Set** chairs beside the table.
의자들을 탁자 옆에 **놓아두어라**.

beside
~옆에

무엇을 **정하다**

08 **Set** an alarm for 7:15 a.m.
알람을 오전 7시 15분으로 **정해라**(=맞춰라).

alarm
알람

무엇을 **착용하다**

09 I **put** my shoes on.
나는 내 신발을 **신었다**.

10 **Put** on some sunblock.
자외선 차단제를 좀 **발라라**.

sunblock
자외선 차단제

실전 상황 회화

밑줄 친 우리말을 영작해 보세요.

MP3 음원으로 문장 발화 연습

---

01 외출할 때 " 불타는 태양이 나의 고운 피부를 ;

A Wow, it is so sunny outside.

B 자외선 차단제를 좀 바르자.

A : 우와, 밖에 날씨가 너무 쨍쨍하다.
B : 자외선 차단제를 좀 바르자.

---

02 회의할 때 " 바이어들이 도착했다고? 극진히 모셔야지! "

A The buyers got here for the meeting.

B OK. 그 분들을 편안하게 해드립시다.
   탁자 주변에 의자들을 놓아두세요.

A : 바이어들이 미팅하러 여기 도착하셨어요.
B : 좋아요. 그 분들을 편안하게 해드립시다.
   탁자 주변에 의자들을 놓아두세요.

---

03 일정 잡을 때 " 박 대리, 도대체 회의 언제 할 거야? "

A We have a meeting next week.
   But what day is it?

B 날짜를 정하죠.

A : 우리 다음 주에 회의 있지. 근데 그게 무슨 요일이야?
B : 날짜를 정하죠.

정답 **01** Let's put on some sunblock.
02 Let's put them at ease. / Set chairs around the table.
03 Let's set a date.

DAY 11 하게 두다 패턴

| keep/leave | 무엇 | 어떠하다 |

➜ keep과 leave는 무엇을 '간직하다, 남겨두다'로 많이들 알고 있는데요. 사실 앞서 배운 '되게 하다' 동사들처럼 **keep/leave + 무엇 + 어떠하다**의 형태로도 자주 사용됩니다. 다만, 이때에는 **무엇을 계속 어떠하게 하다 • 두다**라고 해석합니다. 때문에 '되게 하다' 동사가 아니라 그냥 **하게 두다** 동사라고 할 수 있겠습니다.

keep 23.1만번
계속 어떠하게 하다
➕ 계속 가지고 있다

leave 24만번
어떠하게 두다
➕ 남겨두다

● 하게 두다 패턴

| keep | him | warm |
>> 그를 따뜻하게
계속 하게 하다 + 무엇을 + 어떠하게

| leave | him | alone |
>> 그를 혼자 있게
하게 두다 + 무엇을 + 어떠하게

↳ 다양한 '하게 두다' 동사는 155p

● 가지고 있다 & 남겨두다

| keep | the change |
>> 잔돈을
계속 가지고 있다 + 무엇을

| leave | a message |
>> 메시지를
남겨두다 + 무엇을

동사로 읽기

동사를 보고 알맞은 문장 패턴을 읽어내보세요.

---

keep
kept 계속 ~하게 했다/가지고 있었다

01 **Keep** him warm.

계속 ~하게 해라 / 그를 / 따뜻하게.

패턴 keep + 무엇 + 어떠하다

warm
따뜻한

> ⏱ 10초 팝업 문법
> keep으로 '계속 ~하다'를 표현할 수도 있어요.
> ▶ Keep going. 계속 가(=계속 해). ▶ Keep smiling. 계속 웃어.

02 **Keep** the change.

가지고 있어라 / 잔돈을.

패턴 keep + 무엇

change
잔돈

---

leave
left ~하게 두었다/남겨두었다

03 **Leave** him alone.

두어라 / 그를 / 혼자 있게.

패턴 leave + 무엇 + 어떠하다

alone
혼자 있는

> ⏱ 10초 팝업 문법
> leave로 '어디를 떠나다'를 표현할 수도 있어요.
> ▶ He left his hometown. 그는 자기 고향을 (남겨두고) 떠났다.

04 She **left** a message.

그녀는 / **남겼다** / 메시지를.

패턴 leave + 무엇

message
메시지

패턴으로 말하기

패턴에 알맞은 <u>동사</u> 로 문장을 말해보세요.

무엇을 **계속** 어떠하게 두다

05 The coat **kept** him warm.
코트는 그를 **계속** 따뜻하게 **했다**.

coat
(외투) 코트

06 Let us **keep** you safe.
우리가 당신을 안전하게 **지켜주지**.

07 Just **leave** it blank.
그것을 그냥 비워 **두어라**.

blank
빈, 비어 있는

무엇을 **가지고 있다**

08 You never **keep** secrets.
당신은 절대로 비밀을 **가지고 있지**(=지키지) 않는다.

secret
비밀

무엇을 **남겨두다**

09 She **left** a message for you.
그녀가 당신을 위해 메시지를 **남겼어요**.

10 Just **leave** it to me.
그냥 그것을 나에게 **남겨둬**(=나에게 맡겨, 나에게 넘겨).

실전 상황 회화

밑줄 친 우리말을 영작해 보세요.

MP3 음원으로 문장 발화 연습

01 가정에서 "빨래는 내게 맡겨줘!"

A: My God... I have so much laundry!
B: Honey, don't worry. 그냥 내게 맡겨둬.

A: 세상에… 빨래가 너무 많아!
B: 자기야, 걱정 마. 그냥 내게 맡겨둬.

02 택시에서 "잔돈 100원… 기사님 가지세요!"

A: This is the Empire State Building.
B: OK, thanks. 잔돈은 가지세요.

A: 여기가 엠파이어 스테이트 빌딩입니다.
B: 좋네요, 감사합니다. 잔돈은 가지세요.

03 위험 상황 "보호해줄 테니 자릿세를 내라고…?"

A: This is our area. 우리가 당신을 안전하게 지켜드리지.
B: What? Just go away! 날 혼자 내버려둬요!

A: 여긴 우리 구역이오. 우리가 당신을 안전하게 지켜드리지.
B: 뭐요? 그냥 저리 가시오! 날 좀 내버려둬요!

정답
01 Just leave it to me.
02 Keep the change.
03 Let us keep you safe. / Leave me alone!

DAY 12 가게 하다 패턴

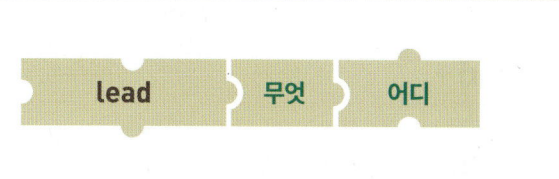

➔ lead와 follow는 정반대의 의미로 사용됩니다. lead는 **lead + 무엇 + 어디**의 패턴으로 사용되어 **무엇을 어디로 이끌다**라고 해석되지만, follow는 반대로 **무엇을 따르다**의 의미로 쓰입니다. 또, lead는 **lead + 어디**의 패턴으로 사용되어 **어디로 이어지다**라고 해석하지만, follow는 **무엇이 뒤따르다**의 의미로 쓰입니다.

lead 12.2만번
이끌다
➕ 이어지다

follow 11.9만번
따르다
➕ 뒤따르다

• 이끌다 vs. 따르다

| lead | us | to victory | » 우리를 승리로 |

이끌다 + 무엇을 + 어디로

| follow | me | » 나를 |

따르다 + 무엇을

↳ 다양한 '가게 하다' 동사는 154p

• 이어지다 vs. 뒤따르다

| lead | to trouble | » 문제로 |

이어지다 + 어디로

| A silence | followed | » 침묵이 |

무엇이 + 뒤따랐다

동사로 읽기

동사를 보고 알맞은 문장 패턴을 읽어내보세요.

---

lead
led 이끌었다/이어졌다

01 **Lead** us to victory.

이끌어라 / 우리를 / 승리로.

패턴 lead + 무엇 + 어디

victory 승리

---

02 It will only **lead** to trouble.

그것은 / 오직 **이어질 거야** / 문제로만.

패턴 lead + 어디

only 오직 ~만

> ⏱10초 팝업 문법
> 동사 앞에 will을 붙이면 '~할 것이다'를 표현할 수도 있어요. 'll(발음은 ㄹ받침)로도 줄여 씁니다. ▶I'll do it. 내가 할게.

---

follow
followed 따랐다/뒤따랐다

03 **Follow** me.

따라와라 / 나를.

패턴 follow + 무엇

---

04 A long silence **followed**.

긴 침묵이 / **뒤따랐다**.

패턴 무엇 + follow

long 긴
silence 침묵

패턴으로 말하기

패턴에 알맞은 **동사** 로 문장을 말해보세요.

어디로 **이끌다** vs. 무엇을 **따르다**

05 He will **lead** the team to victory.
그는 팀을 승리로 **이끌** 것이다.

team 팀

06 She will **lead** us to the next destination.
그녀는 우리를 다음 목적지로 **인도할** 것이다.

destination 목적지

07 We will **follow** you.
우리는 당신을 **따를** 것이다.

어디로 **이어지다** vs. 무엇이 **뒤따르다**

08 Curiosity often **leads** to trouble.
호기심은 자주 문제로 **이어진다**.

curiosity 호기심

09 A long silence **followed** the fight.
긴 침묵이 싸움을 **뒤따랐다**.

10 Pleasure **follows** pain.
즐거움은 고통을 **뒤따른다**. (=고생 끝에 낙이 온다.)

pleasure 즐거움
pain 고통

실전 상황 회화

밑줄 친 우리말을 영작해 보세요.

>> MP3 음원으로 문장 발화 연습

01 행사에서 "대표님, 말씀은 좀 짧게…"

A My God… This speech is so long.

B But, there is a nice buffet. <u>고생 끝에 낙이 온다고.</u>

A: 세상에… 이 연설 너무 길다.
B: 하지만, 좋은 뷔페가 있는 걸.
   고생 끝에 낙이 온다고.

02 경기 뛸 때 "사내 축구 대회, 부장님만 믿습니다!"

A Brian, we will just follow you.

B OK, guys. <u>내가 이 팀을 승리로 이끌겠어.</u>

A: 브라이언, 우리는 그냥 당신만 따를게요.
B: 좋아, 여러분. 내가 이 팀을 승리로 이끌겠어.

03 사무실에서 "Jane 오늘 왜 그래? 쉿! 남친이랑 싸웠대!"

A Hey, why did Jane get so mad?

B Shh… <u>호기심은 문제로만 이어진다고.</u>

A: 이봐, 제인이 왜 그렇게 몹시 화가 난 거야?
B: 쉿! 호기심은 문제로만 이어진다고.

정답
01 Pleasure follows pain.
02 I will lead this team to victory.
03 Curiosity only leads to trouble.

Chapter 2
Review

- **가게 하다** 패턴 | 무엇을 어디로 가게 하다

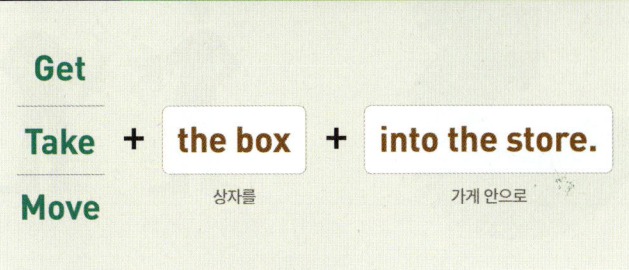

⊕ **있게 하다** 패턴 | 무엇을 어디에 있게 하다
- Put it on the table. 그것을 탁자 위에 놓아라.

- **되게 하다** 패턴 | 무엇을 어떠하게 되게 하다

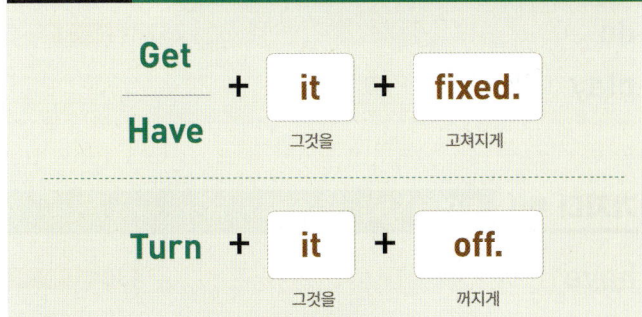

⊕ **하게 두다** 패턴 | 무엇을 계속 어떠하게 두다
- Keep him warm. 그를 계속 따뜻하게 해라.
- Leave him alone. 그를 혼자 놔둬라.

Chapter 3

| DAY13 | DAY14 | DAY15 | DAY16 | DAY17 |

• 하다 패턴 무엇이 하다 | 무엇을 하다

- work — 31.8만번 빈출 TOP
- run — 18.7만번
- do — 257만번 빈출 TOP
- play — 18.8만번

• 가지다 패턴 무엇을 얻다

- have — 430만번 빈출 TOP
- get — 99.2만번
- win — 11.1만번

↔ 잃다 무엇을 잃다   lose 13.4만번

DAY 13 하다 패턴

→ Chapter 1에서 run과 move를 '가다' 동사로 배웠었는데요. 두 동사를 **무엇 + run/move**의 패턴으로 쓰면 **무엇이 동작하다**를 표현할 수 있습니다. '기계가 **돌아간다 • 돌아가지 않는다**'와 같이, 동작 • 동작 없음을 나타내는 표현입니다. run은 무엇을 '운영하다', move는 누구를 '감동시키다'의 의미도 지닙니다.

---

run 18.7만번
작동하다
⊕ 운영하다

move 17.9만번
움직이다
⊕ 감동시키다

● 하다 패턴

the program | runs 》프로그램이
무엇이 + 작동하다

products | move 》제품이
무엇이 + 움직이다(=팔리다)

↳ 다양한 '하다' 동사는 155p

● 운영하다 & 감동시키다

run | **a business** 》사업을
운영하다 + 무엇을

move | **everyone** 》모두를
감동시키다 + 누구를

동사로 읽기

동사를 보고 알맞은 문장 패턴 을 읽어내보세요.

---

run
ran 작동했다/운영했다

01 The program is not **running**.

프로그램이 / 않는다 / **돌아가지**.

패턴 무엇 + run

program 프로그램

02 He **runs** a small business.

그는 / **운영한다**(=돌아가게 한다) / 작은 사업을.

패턴 run + 무엇

business 사업

---

move
moved 움직였다/감동시켰다

03 Not a single muscle **moved**.

근육이 하나도 / **움직이지** 않았다.

패턴 무엇 + move

not a single 하나도 ~않다
muscle 근육

04 His words **moved** everyone.

그의 말은 / **감동시켰다**(=움직이게 했다) / 모두를.

패턴 move + 누구

word 단어; 말
everyone 모두

패턴으로 말하기

패턴에 알맞은 **동사** 로 문장을 말해보세요.

무엇이 하다

05 The program does not **run** on my computer.
그 프로그램은 내 컴퓨터에서 **돌아가지** 않는다.

06 Trains **run** every 2 minutes here.
여기는 열차가 2분마다 **운행한다**.

train
기차, 열차

07 Their products are **moving** well.
그들의 제품은 잘 **움직이고** 있다(=팔리고 있다).

well
잘

무엇을 운영하다

08 She is **running** a small business.
그녀는 작은 사업을 **운영하고** 있다.

09 We **run** online English classes.
우리는 온라인 영어 수업들을 **운영한다**.

online 온라인
class 수업

누구를 감동시키다

10 His speech **moved** everyone.
그의 연설은 모두를 **감동시켰다**.

speech
연설

> ⏱ **10초 팝업 문법**
> be 뒤에 -ed 동사를 붙여서 '~되었다'를 표현할 수 있어요.
> ▶ Everyone was moved by his speech. 모두가 그의 연설에
> 감동되었다. *DAY 07 복습 동사 + -ed = '~해진', '~된'

실전 상황 회화

밑줄 친 우리말을 영작해 보세요.

MP3 음원으로 문장 발화 연습

01 행사장에서 "사장님 말씀을 들으니 가슴이 뛰네"

A That speech was great!

B Yeah. 그의 연설은 모두를 감동시켰어.

A : 그 연설은 훌륭했어!
B : 맞아. 그의 연설은 모두를 감동시켰어.

02 사업장에서 "과장 딸고 사장을 해야 하는 건가…"

A You know Jane? 그녀는 작은 사업을 운영하고 있어.

B Oh yeah. 그녀의 제품은 잘 팔리고 있지.

A : 너 제인 알아? 그녀는 작은 사업을 운영하고 있어.
B : 아 맞아. 그녀의 제품은 잘 팔리고 있지.

03 지하철역에서 "배차 간격이 2분이라니, 엄청 빠르네!"

A Hurry up! We are late!

B Don't worry. 여기는 열차가 2분마다 운행한다고.

A : 서둘러! 우리 늦었다고!
B : 걱정하지 마. 여기는 열차가 2분마다 운행한다고.

정답
01 His speech moved everyone.
02 She is running a small business. / Her products are moving well.
03 Trains run every 2 minutes here.

DAY 14 **하다** 패턴

| 무엇 | work/pay |

→ work와 pay는 '일하다, 돈을 내다'로 많이들 알고 있는데요. 이 동사들 또한 자주 **무엇 + work/pay**의 '하다' 패턴으로 쓰입니다. 이때에는 각각 **무엇이 작동한다 • 값을 한다**라고 해석됩니다. work는 for와 쓰이면 '누구/무엇 밑에서 일하다'로 해석됩니다. pay는 무엇을 '지불하다'로 해석되기도 합니다.

work 31.8만번 　빈출 TOP
작동하다
➕ 일하다

pay 13.3만번
값을 하다
➕ 지불하다

● **하다** 패턴

| **The AC** | works. | 》 에어컨이 |

무엇이 + 작동한다.

| **My job** | pays | 》 내 직업은 |

무엇이 + 값을 한다(=돈이 된다)

↳ 다양한 '하다' 동사는 155p

● 일하다

| work | **for a company** | 》 회사에서 |

일하다 + 누구/무엇 밑에서

● 지불하다

| pay | **the rent** | 》 집세를 |

지불하다 + 무엇을

동사로 읽기

동사를 보고 알맞은 문장 패턴을 읽어내보세요.

---

work
worked 작동했다/일했다

01 The AC is not **working**.
에어컨이 / 않다 / **작동하고 있지**.

패턴 무엇 + work

> ⏱10초 팝업 문법
> 동사들은 대부분 -ing가 붙으면 '~하고 있는', '~하는'의 의미가 됩니다.
> ▶ It's working. 작동하고 있다.

---

02 I **work** for an IT company.
나는 / **일한다** / IT 회사 밑에서.

패턴 work + for 어디

company
기업, 회사

---

pay
paid 값을 했다/지불했다

03 My job **pays** well.
내 직업은 / 보수를 잘 **준다**.

패턴 무엇 + pay

job
직장; 직업, 일

---

04 I **paid** my rent yesterday.
나는 / **지불했다** / 나의 방세를 / 어제.

패턴 pay + 무엇

rent
방세

패턴으로 말하기

패턴에 알맞은 **동사** 로 문장을 말해보세요.

무엇이 하다

05 My phone is not **working**.
내 핸드폰이 **작동하지** 않고 있다.

06 Your hard work finally **paid** off.
너의 고된 일이 마침내 **제값을 했다**.

hard 열심히; 고된
finally 마침내

07 A degree no longer **pays**.
학위는 더 이상 **도움이 되지** 않는다.

degree 학위
no longer 더 이상 ~않는

어디에서 일하다

08 I am **working** for an IT firm.
나는 IT 회사에서 **일하고 있다**.

firm 회사

무엇을 지불하다

09 She always **pays** the rent on time.
그녀는 항상 제때에 방세를 **지불한다**.

on time 제때에

10 I will **pay** the bill.
내가 계산서 **지불할게**(=낼게).

bill 계산서

67

실전 상황 회화

밑줄 친 우리말을 영작해 보세요.

01 계산할 때 " 역시 곳간에서 인심이 나는 걸까? "

A Hey, 네가 항상 계산하잖아. Thanks, but…

B Don't worry. 내 일 벌이가 좋다고.

A : 이봐, 네가 항상 계산하네. 고맙긴 하지만…
B : 걱정 마. 내 일이 벌이가 괜찮거든.

02 호텔에서 " 여름에 에어컨이 고장이라니! "

A 에어컨이 작동하지 않고 있어요 here.

B Oh, we will get it fixed right now.

A : 여기 에어컨이 작동하지 않고 있네요.
B : 아, 저희가 지금 당장 고쳐놓겠습니다.

03 회사에서 " 사장님께는 비밀… "

A I really like this new iPhone!

B Huh? But 너 삼성에서 일하고 있잖아!

A : 이 신상 아이폰 진짜 좋아!
B : 응? 하지만 너 삼성에서 일하고 있잖아!

정답 01 you always pay the bill. / My job pays well.
02 The AC is not working
03 you are working for Samsung!

DAY 15 **하다** 패턴

| do/play | 무엇 |

→ do와 play 모두 **do/play + 무엇**의 패턴으로 쓰이면 **무엇을 하다**를 표현합니다. do는 일·과제를, play는 경기·역할을 합니다. play는 '악기나 곡 등을 연주하다'라는 뜻으로도 쓰입니다. do는 **누구에게 무엇을 해주다**라는 의미로도 쓰는데요. 이땐 **do + 누구 + 무엇**의 '주다' 패턴[Ch.5]으로 씁니다.

do 257만번 빈출 TOP
하다
해주다

play 18.8만번
하다
➕ 연주하다

• 하다 패턴

do | your homework ≫ 너의 숙제를
하다 + 무엇을

play | soccer ≫ 축구를
하다 + 무엇을

↳ 다양한 '하다' 동사는 155p

○ 주다 패턴

do | me | a favor ≫ 나에게 친절한 행위를
해주다 + 누구에게 + 무엇을

↳ 다양한 '주다' 동사는 157p

○ 연주하다

play | the piano ≫ 피아노를
연주하다 + 악기, 곡을

동사로 읽기

동사를 보고 알맞은 문장 패턴을 읽어내보세요.

---

do
did 했다/해줬다

01 **Do** your homework.

해라 / 너의 숙제를.

패턴 do + 무엇

homework
숙제

---

02 Would you **do** me a favor?

해주겠니 / 내게 / 친절한 행위를? (=내 부탁 좀 들어주겠니?)

패턴 do + 누구 + 무엇

> ⏰ 10초 팝업 문법
> Would you로 시작하는 질문은 '~하시겠습니까?'라는 정중한 질문이 됩니다.

favor
친절한 행위;
부탁

---

play
played 했다/연주했다

03 Let's **play** soccer together.

하자 / 축구를 / 같이.

패턴 play + 무엇

soccer 축구
together 같이

---

04 She **played** the piano.

그녀는 / **연주했다** / 피아노를.

패턴 play + 악기, 곡

패턴으로 말하기

패턴에 알맞은 **동사** 로 문장을 말해보세요.

무엇을 하다

05 **Do** your research.
   공부 좀 **해**.

   research
   연구, 공부

06 Let's **do** the shopping now.
   이제 쇼핑**하자**.

07 She **plays** a leading role in the team.
   그녀는 팀에서 선도적인 역할을 **해**.

   leading
   선도적인

누구에게 무엇을 해주다

08 Would you **do** us a kindness?
   저희에게 친절을 **베풀어주시겠습니까**?

   kindness
   친절

09 Some exercise will **do** you good.
   약간의 운동은 너에게 도움을 **줄 거야**(=득이 될 거야).

   good
   좋은; 도움, 득

악기나 곡을 연주하다

10 **Play** Beethoven for us.
   우리를 위해 베토벤 곡을 **연주해줘**.

   > **10초 팝업 문법**
   > play 뒤에 작곡가의 이름이 오면 '그 작곡가의 곡을 연주하다'라는 뜻이 됩니다.

실전 상황 회화

밑줄 친 우리말을 영작해 보세요.

MP3 음원으로 문장 발화 연습

---

01 호텔에서 "낭만적인걸? 아, 근데 여기선 피아노 치면 안 된다고요…?"

A Peter, <u>내 부탁 좀 들어줄래?</u>
<u>베토벤 곡을 연주해줘</u> for us.

B Sure thing.

A: 피터, 내 부탁 좀 들어줄래?
  우리를 위해 베토벤 곡을 연주해줘.
B: 물론이지.

---

02 회사에서 "자기 팀원도 모르고 그러면 안 돼!"

A Who is she? A new face?

B <u>공부 좀 해라,</u> man.
<u>그녀는 네 팀에서 선도적인 역할을 하잖아.</u>

A: 그녀는 누구야? 신참인가?
B: 공부 좀 해라, 인마. 그녀는 네 팀에서 선도적인 역할을 하잖아.

---

03 운동할 때 "부장님, 축구 한 판 하시겠습니까?"

A <u>같이 축구하자!</u>

B Good! <u>약간의 운동은 우리에게 득이 될 거야.</u>

A: 같이 축구하자!
B: 좋지! 약간의 운동은 우리에게 득이 될 거야.

정답
01 would you do me a favor? / Play Beethoven
02 Do your research, / She plays a leading role in your team.
03 Let's play soccer together! / Some exercise will do us good.

DAY 16 가지다 패턴

```
[ have/get ] — [ 무엇 ]
```

→ have와 get 모두 가장 잘 알려진 소유의 동사입니다. **have/get + 무엇**의 형태로 쓰이며 **무엇을 가지다**라고 해석됩니다. 또한 앞서 배운 대로, 두 동사 모두 대표적인 **되게 하다** 동사이기도 합니다. **have/get + 무엇 + 어떠하다**의 패턴으로 쓰이고 **무엇을 어떠하게 되게 하다**라고 해석됩니다.

---

have 430만번 〔빈출 TOP〕
가지고 있다
되게 하다

get 99.2만번
얻다
되게 하다

● 가지다 패턴

| have | trouble | >> 문제를
가지고 있다 + 무엇을

| get | a discount | >> 할인을
얻다 + 무엇을

↳ 다양한 '가지다' 동사는 156p

● 되게 하다 패턴

| have | the AC | fixed | >> 에어컨을 고쳐지게
되게 하다 + 무엇을 + 어떠하게

| get | your car | fixed | >> 당신의 차를 고쳐지게
되게 하다 + 무엇을 + 어떠하게

↳ 다양한 '되게 하다' 동사는 155p

동사로 읽기

동사를 보고 알맞은 문장 패턴을 읽어내보세요.

---

have
had 가지고 있었다/되게 했다

01 It should **have** some trouble.

그거 / 분명 **가지고 있을 거야** / 문제를 좀.

패턴 have + 무엇

⏱ 10초 팝업 문법
should로 '~해야지', '분명 ~할 거야'를, shouldn't로 '~하면 안 되지',
'분명 ~하지 않을 거야'를 표현할 수 있습니다.

some 약간, 좀
trouble 문제

---

02 Please **have** the AC fixed.

부디 / **되게 해주세요** / 에어컨을 / 고쳐지게.

패턴 have + 무엇 + 어떠하다

---

get
got 얻었다/되게 했다

03 I **got** a discount.

나 / **받았어** / 할인을.

패턴 get + 무엇

discount
할인

---

04 I **got** your car fixed.

제가 / **되게 했습니다** / 당신 차를 / 고쳐지게.

패턴 get + 무엇 + 어떠하다

패턴으로 말하기

패턴에 알맞은 **동사** 로 문장을 말해보세요.

> ### 무엇을 가지다

05 This car should **have** some trouble.
이 차는 문제가 좀 **있는 게** 분명해.

06 I **got** a discount on this car.
나 이 차 할인**받았어**.

07 You should **get** some rest.
너 휴식을 좀 **취해야** 해.

rest
휴식

08 I **got** a letter from your boss.
자네 상사로부터 편지를 **받았네**.

letter
편지

> ### 무엇을 어떠하게 **되게 하다**

09 Let's **have** a pizza delivered.
피자 배달**시키자**.

delivered
배달된

10 I will **get** your car fixed right away.
제가 바로 당신의 차를 고쳐 **놓겠습니다**.

right away
바로

실전 상황 회화
밑줄 친 우리말을 영작해 보세요.

MP3 음원으로 문장 발화 연습

01 회사에서 " 승진이라고요? 어머나, 부장님 사랑해요~ "

A I got promoted? But, why?

B 자네 상사로부터 편지를 받았네. He likes you.

A: 저 승진되었다고요? 근데, 왜요?
B: 자네 상사로부터 편지를 받았네. 자네를 좋아해.

02 카센터에서 " 어휴, 이 고물 좀 고쳐주세요! "

A 이 차 문제가 좀 있는 게 분명해요.

B 제가 바로 차를 고쳐놓겠습니다.

A: 이 차 문제가 좀 있는 게 분명해요.
B: 제가 바로 차를 고쳐놓겠습니다.

03 친구 집에서 " 배고픈데 피자나 배달시킬까? "

A I got so hungry after my workout.

B OK. 그럼 피자 배달시키자.

A: 운동하고 나서 너무 배고파졌어.
B: 알겠어. 그럼 피자 배달시키자.

정답
01 I got a letter from your boss.
02 This car should have some trouble. / I will get the car fixed right away.
03 Let's have a pizza delivered, then.

DAY 17 가지다 패턴

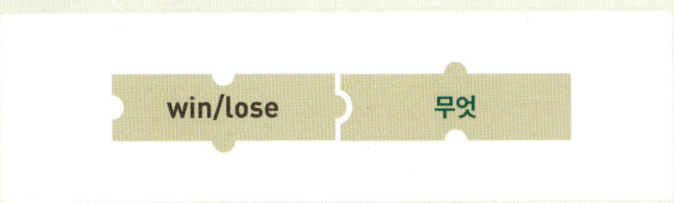

➜ win은 '이기다'로 많이들 알고 있는데요. 사실 **무엇을 얻어내다**라는 뜻을 지닌 **가지다** 동사이기도 합니다. 그럼 **무엇을 잃어버리다**라는 정반대 의미의 동사는 무엇일까요? 바로 lose입니다. 두 동사 모두 **win/lose + 무엇**의 형태로 쓰입니다. win, lose는 뒤에 경기, 싸움, 내기 등이 올 때에만 무엇에서 '이기다・패배하다'로 해석합니다.

win 11.1만번

따내다
이기다

lose 13.4만번

잃어버리다
패배하다

• 얻어내다 vs. 잃어버리다

| win | a free gift | » 무료 사은품을 |

따내다 + 무엇을

| lose | her key | » 그녀의 열쇠를 |

잃어버리다 + 무엇을

↳ 다양한 '가지다' 동사는 156p

• 이기다 vs. 지다

| win | the game | » 경기에서 |

이기다 + 경기에서

| lose | the game | » 경기에서 |

패배하다 + 경기에서

동사로 읽기

동사를 보고 알맞은 문장 패턴을 읽어내보세요.

---

win
won 따냈다/이겼다

01 He **won** a free gift.

그는 / **따냈다** / 무료 사은품을.

패턴 win + 무엇

free
자유로운; 무료인

---

02 We will **win** the game.

우리는 / **이길** 것이다 / 그 경기에서.

패턴 win + 경기

---

lose
lost 잃어버렸다/패배했다

03 She has **lost** her key.

그녀는 / **잃어버렸다** / 그녀의 열쇠를.

패턴 lose + 무엇

key
열쇠

> ⏱10초 팝업 문법
> have를 '~해진', '~된'이라는 의미의 -ed 단어와 같이 쓰면 '~하게 됐다'라는 결과를 표현할 수 있습니다.

---

04 You will **lose** the game.

너희는 / **질** 것이다 / 그 경기에서.

패턴 lose + 경기

패턴으로 말하기

패턴에 알맞은 **동사** 로 문장을 말해보세요.

무엇을 **얻어내다** vs. **잃어버리다**

05 She **won** a free movie ticket.
그녀는 무료 영화표를 **따냈다**.

movie ticket
영화표

06 I have **lost** my car key.
나는 내 자동차 열쇠를 **잃어버렸다**.

07 She has **lost** her confidence.
그녀는 그녀의 자신감을 **잃어버렸다**.

confidence
자신감

경기에서 **이기다** vs. **지다**

08 He **won** the contest.
그는 경연 대회에서 **이겼다**.

contest
콘테스트,
경연 대회

09 You will **win** the race.
너는 그 경주에서 **이길** 것이다.

race
경주

10 My team **loses** every single game.
우리 팀은 경기에서 매번 **진다**.

every single
~ 매번

실전 상황 회화

밑줄 친 우리말을 영작해 보세요.

> MP3 음원으로 문장 발화 연습

---

01 영화관에서 " 무료 관람권이라고? 나도 같이 가면 안 되나…? "

A Hey, <u>나 무료 영화표 두 개 따냈어.</u>

B Wow, good for you.

A : 야, 나 무료 영화표 두 개 따냈어.
B : 우와, 잘됐다.

---

02 차 타기 전에 " 왜 자꾸 열쇠를 까먹지…? 벌써 치매인가…? "

A Oh, no! <u>나 내 자동차 열쇠 잃어버렸어!</u>

B You put it on the table.

A : 아 안 돼! 나 내 자동차 열쇠 잃어버렸어!
B : 너 그거 테이블 위에 뒀잖아.

---

03 경기를 앞두고 " 친구야 넌 반드시 이길 거야! "

A <u>너는 이 경주에서 이길 거야.</u> I am sure!

B No… <u>나는 내 자신감을 잃어버렸어.</u>

A : 너는 이 경주에서 이길 거야. 난 확신해!
B : 아나… 나는 내 자신감을 잃어버렸어.

정답
01 I won two free movie tickets.
02 I have lost my car key!
03 You will win this race. / I have lost my confidence.

Chapter 3 Review

• 하다 패턴 | 무엇이 하다 | 무엇을 하다 |

It + doesn't + work. / run.
그것이

I + do / play + my homework. (내 숙제를) / soccer. (축구를)

• 가지다 패턴 | 무엇을 얻다 |

He will + have / get / win + a gift.
사은품을

↔ **잃다** 무엇을 잃다 ▶ She has lost her key. 그녀의 열쇠를 잃어버렸다.

Chapter

| DAY18 | DAY19 | DAY20 | DAY21 | DAY22 |

- **하게 하다** 패턴 무엇이 동사하게 하다

have 430만번 빈출 TOP

get 99.2만번

make 85.7만번

→ **하게 해주다** 무엇이 동사하게 해주다   let 24만   help 21.6만번

→ **해줬으면 싶다** 무엇이 동사해줬으면 싶다   want 51.4만번

→ **해줘야겠다** 무엇이 동사해줘야겠다   need 27.6만번

DAY 18 하게 하다 패턴

| let/have | 무엇 | 동사하다 |

➜ let과 have는 make처럼 '하게 하다·시키다'의 의미를 지닌 대표적인 동사인데요. **let/have + 무엇 + 동사하다**의 패턴으로 쓰이고, **무엇이 동사하게 해주다·하다**라고 해석됩니다. have는 앞서 배운 되게 하다 패턴으로도 사용되고, let은 **let's + 동사**의 패턴으로 쓰여 **동사하자**를 표현합니다.

let 24만번
하게 해주다
➕ 하자

have 430만번 빈출 TOP
하게 하다
되게 하다

● 하게 하다 패턴

let it go ≫ 그것이 가도록
하게 해주다 + 무엇이 + 동사하도록

have me do the dishes ≫ 내가 설거지하게
하게 하다 + 무엇이 + 동사하게

↳ 다양한 '하게 하다' 동사는 156p

● 되게 하다 패턴

have it delivered ≫ 그것을 배달되게
되게 하다 + 무엇을 + 어떠하게

↳ 다양한 '되게 하다' 동사는 155p

● 하자

Let's go! ≫ 가자
Let's + 동사

동사로 읽기

동사를 보고 알맞은 문장 패턴을 읽어내보세요.

---

let
let 하게 해줬다

01 I can't **let** it go.

나는 / **해줄 수 없다** / 그것이 / 가게. (=놓아줄 수는 없다)

패턴 let + 무엇 + 동사하다

---

02 **Let's** go out now!

가자 / 밖으로 / 지금!

패턴 let's + 동사

now
지금

---

have
had 하게 했다/되게 했다

03 She **had** me do the dishes.

그녀가 / **하게 했다** / 내가 / 설거지하게.

패턴 have + 무엇 + 동사하다

do the dishes
설거지하다

---

04 You can **have** it delivered.

너는 / **되게 할 수 있다** / 그것을 / 배달되게.

패턴 have + 무엇 + 어떠하다

> ⏱ **10초 팝업 문법**
> can으로 '~할 수 있다'를, can't로 '~할 수 없다, ~해선 안 된다'를 표현할 수 있어요.
> ▶ You can't do that. 네가 그럴 수는 없다(=그래서는 안 된다).

delivered
배달된

패턴으로 말하기

패턴에 알맞은 **동사** 로 문장을 말해보세요.

무엇이 동사하게 하다

05 I can't just **let** her go.
난 그녀가 그저 **가게 할** 수는 없다(=놓아줄 수는 없다).

just
그저, 그냥

06 My mom always **has** me do the dishes.
우리 엄마는 항상 내가 설거지**하게 한다**.

07 We can't **let** them move in.
우리는 그들이 이사 **오게 할** 수는 없다(=해서는 안 된다).

move in
이사 들어가다

동사하자

08 **Let's** go out and eat.
나가서 **먹자**(=외식하자).

go out
외출하다

무엇을 어떠하게 **되게 하다**

09 I **had** my hair cut.
나는 내 머리카락을 **잘리게 했다**(=머리를 잘랐다).

cut
자르다; 잘린

10 We can **have** pizza delivered.
우리는 피자를 배달**시킬** 수 있다.

실전 상황 회화

밑줄 친 우리말을 영작해 보세요.

01 이별 후에 " 그녀는 떠나보내! 그리고 나랑…? "

A David, leave her alone. Let's just move on now.

B No! 난 그녀가 그저 가게 할 수는 없어.
I can't lose her!

A : 데이비드, 그녀를 혼자 있게 좀 둬. 이젠 그냥 (잊고) 나아가자.
B : 안 돼! 난 그냥 그녀를 놓아줄 수는 없어. 그녀를 잃을 순 없다고!

---

02 식사 전에 " 설거지? 오늘 하루쯤은 쉬자… "

A 우리 엄마는 항상 나를 설거지하게 해.

B 우린 피자를 배달시킬 수도 있어, then.

A : 우리 엄마는 항상 나를 설거지하게 해.
B : 그렇다면 우린 피자를 배달시킬 수도 있어.

---

03 외식할 때 " 딸, 숙제하고 있어! 스테이크 좀 먹고 올게~ "

A 나가서 먹자!

B You can't just go!
You should do your homework.

A : 나가서 먹자!
B : 너 그냥 가면 안 되지! 넌 너의 숙제를 해야지.

정답
01 I can't just let her go.
02 My mom always has me do the dishes. / We can have pizza delivered.
03 Let's go out and eat.

DAY 19 하게 하다 패턴

| make/get | 무엇 | (to) 동사하다 |

→ make와 get 역시 '시키다·하게 하다'의 의미를 지닌 동사입니다. **make/get + 무엇 + (to) 동사하다**의 패턴으로 쓰고, **무엇이 동사하게 만들다·하다**라고 해석합니다. 또한, 두 동사 모두 **되게 하다** 동사이기도 합니다. **make/get + 무엇 + 어떠하다**의 패턴으로 쓰고, **무엇을 어떠하게 만들다·되게 하다**라고 해석합니다.

make 85.7만번
하게 만들다
어떠하게 만들다

get 99.2만번
하게 하다
되게 하다

● **하게 하다** 패턴

| make | people | smile |
하게 만들다 + 무엇이 + 동사하게
≫ 사람들이 미소 짓게

| get | me | to work |
하게 하다 + 무엇이 + to 동사하게
≫ 내가 일하게

↳ 다양한 '하게 하다' 동사는 156p

○ **되게 하다** 패턴

| make | people | sleepy |
만들다 + 무엇을 + 어떠하게
≫ 사람들을 졸리게

| get | the car | fixed |
되게 하다 + 무엇을 + 어떠하게
≫ 자동차를 고쳐지게

↳ 다양한 '되게 하다' 동사는 155p

동사로 읽기

동사를 보고 알맞은 문장 |패턴|을 읽어내보세요.

---

make
made ~하게 만들었다

01 The music **made** people smile.

그 음악은 / **만들었다** / 사람들이 / 미소 짓게.

|패턴| make + 무엇 + 동사하다

smile
미소 짓다

---

02 This music can **make** people sleepy.

이 음악은 / **만들 수도 있다** / 사람들이 / 졸리게.

|패턴| make + 무엇 + 어떠하다

sleepy
졸린

> ⏱10초 팝업 문법
> can으로 '~일 수도 있다'를, can't로 '~일 리가 없다'를 표현할 수도 있어요.
> ▶It can't be true. 그것이 사실일 리 없어!

---

get
got ~하게 했다

03 He **got** me to work late.

그는 / **하게 했다** / 내가 / 밤늦게 일하게.

|패턴| get + 무엇 + to 동사하다

late
늦게

---

04 **Get** it done.

되게 해라 / 그것을 / 완료되게.

|패턴| get + 무엇 + 어떠하다

done
다 끝난, 완료된

패턴으로 말하기

패턴에 알맞은 **동사** 로 문장을 말해보세요.

무엇이 동사하게 하다

05 She **makes** people smile.
그녀는 사람들이 미소 짓게 만든다.

06 My boss **got** me to work late.
내 상사는 내가 밤늦게 일하게 했다.

07 My mother **got** me to wake up.
내 어머니는 내가 일어나게 했다.

wake up
일어나다

무엇을 어떠하게 되게 하다

08 That noise can **make** people nervous.
그 소음은 사람들을 긴장하게 만들 수도 있다.

noise 소음
nervous 긴장한

09 **Get** it done by tomorrow.
그것을 내일까지 완료되게 해라.

by
~까지

10 I'll **get** your car fixed.
나는 네 차를 고쳐지게 할 것이다(=고쳐놓을 것이다).

실전 상황 회화

밑줄 친 우리말을 영작해 보세요.

---

01 공연장에서 " 오, 나의 여신님! "

A That actress is so popular.

B Yeah, <u>그녀는 사람들이 미소 짓게 만들어.</u>

A : 그 여배우는 매우 인기 있어.
B : 맞아, 그녀는 사람들이 미소 짓게 해.

---

02 회의실에서 " 사장님 오시기 전에 마이크 고쳐놔! "

A <u>그 소음은 사람들을 긴장하게 만들 수도 있어.</u>

B Oh, sorry. <u>제가 그것을 바로 고쳐놓을게요.</u>

A : 그 소음은 사람들을 긴장하게 만들 수도 있어.
B : 이런, 죄송해요. 바로 고쳐 놓을 게요.

---

03 야근 중에 " 여보, 미안해 오늘도 늦을 것 같아. "

A Oh, you're still at work?

B Sorry. <u>내 상사가 날 늦게까지 일하게 했어.</u>

A : 어머, 당신 아직도 일하고 있어요?
B : 미안해요. 내 상사가 날 늦게까지 일하게 했어.

정답   **01** she makes people smile.
02 That noise can make people nervous. / I'll get it fixed right away.
03 My boss got me to work late.

DAY 20 하게 하다 패턴

→ allow 또한 let과 마찬가지로 **하게 하다** 동사인데요. 두 동사 모두 **허가**의 의미를 지니고 있습니다. 그래서 **무엇이 동사하도록 허락해주다**라고 해석됩니다. 다만, allow는 **allow + 무엇 + to 동사하다**의 패턴으로 사용합니다. allow는 **allow + 누구 + 무엇**의 주다 패턴 [Ch.5]으로도 사용되는데요. **누구에게 무엇을 허락해주다**라고 해석합니다.

---

let 24만번
하게 해주다
➕ 하자

allow 11.4만번
하게 허락해주다
무엇을 허락해주다

● 하게 하다 패턴

| let | me | know | ≫ 내가 알게

해주다 + 무엇이 + 동사하도록

| allow | you | to go | ≫ 네가 가게

허락해주다 + 무엇이 + to 동사하게

↳ 다양한 '하게 하다' 동사는 156p

● 주다 패턴

| allow | you | one day | ≫ 너에게 하루를

허락해주다 + 누구에게 + 무엇을

↳ 다양한 '주다' 동사는 157p

● 하자

| Let's | go! | ≫ 가자

Let's + 동사

동사로 읽기

동사를 보고 알맞은 문장 패턴을 읽어내보세요.

---

let
let 하게 해줬다

01 **Let** me go to the beach.

해주세요 / 내가 / 해변에 가게.

패턴 let + 무엇 + 동사하다

beach
해변

02 **Let's** go to the beach.

가자 / 해변에.

패턴 let's + 동사

---

allow
allowed 허락해줬다

03 You are not **allowed** to enter here.

당신은 / **허락되지** 않았다 / 들어오도록 / 이곳에.

패턴 allow + 무엇 + to 동사하다

enter
들어가다

> ⏱10초 팝업 문법
> be 뒤에 allowed를 더하면 '허락되었다'를 표현할 수 있어요.
> ▶ DAY 07 복습   동사 + -ed = '~해진', '~된'
> ▶ DAY 13 복습   be + 동사 + -ed = '~되었다'

04 I will **allow** you one day.

나는 / **허락해주겠다** / 당신에게 / 하루를.

패턴 allow + 누구 + 무엇

패턴으로 말하기

패턴에 알맞은 **동사** 로 문장을 말해보세요.

무엇이 동사하게 해주다

05 We will **let** him move in tomorrow.
우리는 그가 내일 이사 **오도록 해줄** 것이다.

06 I can't **allow** you to go.
나는 네가 가게 **해줄** 수 없다(=보내줄 수 없다).

07 You can't just **allow** him to move in!
그냥 그를 이사 **오게 하면** 안 되지!

move in
이사 들어가다

누구에게 무엇을 허락해주다

08 I can **allow** you only one day.
너에게 오직 하루만 **허락해줄** 수 있다.

only
오로지, 오직

09 We all are **allowed** one day off.
우리 모두 하루의 휴가를 **허락받았어**.

day off
휴가

동사하자

10 **Let's** turn to page 128.
128페이지로 넘어**갑시다**.

실전 상황 회화
밑줄 친 우리말을 영작해 보세요.

01 콘서트장에서 "여긴 어디? 관계자 출입 금지라고?!"

A Sir, 당신은 여기 들어오도록 허락되지 않으셨습니다. It's staff only.

B Oh, sorry. Let me just leave.

A: 선생님, 이곳에 들어오시면 안 됩니다. 이곳은 직원 전용이에요.
B: 오 죄송해요. 그럼 나가도록 하죠.

02 부동산에서 "아직 전 사람 안 나갔다고요!"

A 우리는 그가 내일 이사 오게 해줄 거야.

B No way! 그냥 그를 이사 오게 허락해주면 안 되지!

A: 우리는 그가 내일 이사 오게 해줄 거야.
B: 안 돼! 그냥 그를 이사 오게 하면 안 되지!

03 회사에서 "휴가철, 연차를 위한 눈치 게임!"

A David, can I get a day off tomorrow?

B OK. But, 전 당신에게 하루만 허락해줄 수 있어요.

A: 데이비드, 제가 내일 휴일을 가져도 될까요?
B: 좋아요. 하지만 전 당신에게 하루만 허락해줄 수 있어요.

정답
01 you are not allowed to enter here.
02 We will let him move in tomorrow. / You can't just allow him to move in!
03 I can allow you only one day.

DAY 21 하게 하다 패턴

help/ask — **무엇** — **(to) 동사하다**

→ '돕다, 묻다'로 많이 알고 있는 help와 ask도 '하게 하다' 패턴으로 자주 사용됩니다. **help/ask + 무엇 + (to) 동사하다**의 형태로 쓰고, **무엇이 동사하도록 돕다·요청하다**라고 해석합니다. ask는 **ask + 누구 + 무엇**의 패턴으로도 쓰이는데요. **누구에게 무엇을 묻다·요구하다**라는 뜻입니다.

help 21.6만번
하도록 돕다
➕ 누구를 돕다

ask 28.4만번
하도록 요청하다
➕ 묻다/요구하다

● 하게 하다 패턴

help | me | carry bags 》 내가 가방을 들도록
돕다 + 무엇이 + (to) 동사하도록

ask | you | to leave 》 네가 떠나도록
요청하다 + 무엇이 + to 동사하도록

↳ 다양한 '하게 하다' 동사는 156p

● 묻다/요구하다

ask | you | a question 》 너에게 질문을
묻다/요구하다 + 누구에게 + 무엇을

● 돕다

help | the lady 》 숙녀를
돕다 + 누구를

동사로 읽기

동사를 보고 알맞은 문장 패턴을 읽어내보세요.

---

help
helped 도왔다

01 **Help** me carry my bags.

도와주세요 / 내가 / 내 가방을 나르도록.

패턴 help + 무엇 + (to) 동사하다

carry
들다, 나르다

02 You must **help** us.

너는 / **도와야만** 한다 / 우리를.

패턴 help + 누구

⏰ 10초 팝업 문법
must로 '~해야만 한다'를 표현할 수 있어요.

---

ask
asked 요청했다/물었다, 요구했다

03 We must **ask** you to leave.

우리는 / **요청해야만** 하겠다 / 당신이 / 떠나도록(=나가주셔야겠습니다).

패턴 ask + 무엇 + to 동사하다

leave
떠나다

04 They will **ask** you a question.

그들은 / **물어볼** 거예요 / 당신에게 / 질문을.

패턴 ask + 누구 + 무엇

question
질문

패턴으로 말하기

패턴에 알맞은 **동사** 로 문장을 말해보세요.

무엇이 동사하게 하다

05 He will **help** you get to the station.

그가 당신이 역에 가**도록 도와줄** 것이다.

station
역

> ⏱ **10초 팝업 문법**
> help는 to동사와 함께 쓰기도 해요.
> ▶ He will help you to get to the station.

06 We must **ask** you to move out.

당신이 이사 나가도록 **요청드려야겠**습니다(=방을 빼주셔야겠습니다).

07 I **ask** you to put on these gloves.

당신이 이 장갑을 착용하시길 **요청드립니다**.

gloves
장갑 한 쌍

누구를 돕다

08 You must **help** this lady.

너는 이 숙녀 분을 **도와드려야만** 한다.

lady
숙녀

누구에게 무엇을 묻다/요구하다

09 Can I **ask** you a favor?

내가 너에게 친절을 **구해도** 될까(=부탁해도 될까)?

favor
호의, 친절

10 You can **ask** him his number.

너는 그에게 그의 (전화)번호를 **물어봐도** 돼.

실전 상황 회화

밑줄 친 우리말을 영작해 보세요.

> MP3 음원으로 문장 발화 연습

01 식당에서 " 손님 여기서 이러시면 안 됩니다. "

A Sir, 당신이 떠나길 요청드려야겠습니다.

B Huh? No way!

A : 선생님 나가주셔야겠습니다.
B : 뭐? 말도 안 돼!

---

02 여행지에서 " 현지인 친구가 있으니, 든든하네! "

A Jane, 내가 너에게 부탁을 요청해도 될까?
I want to go to this station. But, this is my first time here.

B Oh, yeah. Of course. 네가 역에 가도록 도와줄게.

A : 제인, 부탁 좀 해도 될까? 나 이 역으로 가고 싶은데. 나 여기는 처음이거든.
B : 오, 그럼. 당연하지. 네가 역에 가도록 도와줄게.

---

03 파티에서 " 멋진 남자 발견! 번호나 물어볼까… "

A Wow. Who is he? He is so charming!

B Oh, Lawton? 그에게 번호 물어봐도 돼.

A : 우와. 그 남자 누구야? 너무 매력적이다!
B : 아, 로톤? 그에게 번호 물어봐도 돼.

정답
01 we must ask you to leave.
02 can I ask you a favor? / Let me help you (to) get to the station.
03 You can ask him his number.

DAY 22 하게 하다 패턴

| want/need | 무엇 | to 동사하다 |

→ '원하다, 필요하다'로 알고 있는 want와 need에도 '하게 하다·시키다'의 의미가 내포되어 있습니다. 이땐 **동사해줬으면 좋겠는데, 동사해줘야겠는데**라는 뉘앙스가 있는데요. **want/need + 누구 + to 동사하다** 형태로 쓰고, **누가 동사해주기를 원하다·동사해줄 필요가 있다**로 해석합니다. want/need + to 동사의 패턴으로 쓰면 동사하기를 원하다·동사할 필요가 있다라는 뜻이 됩니다.

want 51.4만번

해주기를 원하다
하기를 원하다

need 27.6만번

해줄 필요가 있다
할 필요가 있다

● 하게 하다 패턴

want | **you** | **to leave**　　　　　　　　》 네가 떠나기를
원하다 + 누구가 + to 동사해주기를

need | **you** | **to clean the room**　　》 네가 방을 청소할
필요가 있다 + 누구가 + to 동사해줄

↳ 다양한 '하게 하다' 동사는 156p

○ 원하다 & 필요가 있다

want | **to leave**　　　　　　　》 떠나기를
원하다 + to 동사하기를

need | **to clean the room**　》 방을 청소할
필요가 있다 + to 동사할

동사로 읽기

동사를 보고 알맞은 문장 **패턴**을 읽어내보세요.

---

want
wanted 원했다

01 I **want** you to leave.
나는 / **원한다** / 네가 / 떠나주기를.

패턴 want + 누구 + to 동사하다

leave 떠나다

---

02 I don't **want** to leave.
나는 / **원하지** 않는다 / 떠나기를.

패턴 want + to 동사

---

need
needed 필요했다

03 I **need** you to clean your room.
나는 / **필요가 있다** / 네가 / 네 방을 청소해줄.

패턴 need + 누구 + to 동사하다

clean 청소하다
room 방

---

04 I **need** to clean the room.
나는 / **필요가 있다** / 방을 청소할.

패턴 need + to 동사

패턴으로 말하기

패턴에 알맞은 **동사** 로 문장을 말해보세요.

무엇이 동사하게 하다

05 Nobody **wants** you to leave.
누구도 당신이 떠**나길 원치** 않는다.

nobody
아무도 ~않다

06 She **wants** you to clean this room.
그녀는 당신이 이 방을 청소**하길 원한다**.

07 I **need** you to get this done by tonight.
네가 이걸 오늘 밤까지 끝내**줘야겠다**.

동사하기를 원하다

08 I have always **wanted** to run my own business.
나는 항상 내 소유의 사업을 운영하길 **바라왔다**.

my own
내 소유의

> ⏱10초 팝업 문법
> have 뒤에 동사-ed를 쓰면 '지금까지 ~해왔다'라는 지속을 표현할 수 있습니다. ▶ I have(=I've) waited for you. 널 기다려 왔어.

09 I don't **want** to do that.
나는 그것을 **하고 싶지** 않다.

that
그것

동사할 필요가 있다

10 You **need** to make a reservation.
너는 예약을 할 **필요가 있다**.

reservation
예약

실전 상황 회화

밑줄 친 우리말을 영작해 보세요.

> MP3 음원으로 문장 발화 연습

---

01 회사에서 " 김 대리, 이거 오늘까지 끝내야 돼! "

A Steve, <u>네가 이것을 오늘 밤까지 끝나게 해줘야겠다.</u>

B Oh, OK. I will get it done.

A : 스티브, 이거 오늘 밤까지 끝내줘야겠는데.
B : 아, 알겠습니다. 끝내 놓겠습니다.

---

02 사업장에서 " 사장님 되신 우리 과장님 파이팅! "

A Wow, this cafe is so nice!

B Thank you. <u>난 항상 내 소유의 사업을 운영하길 바라왔거든.</u>

A : 우와, 이 카페 너무 멋지다!
B : 고마워. 항상 내 소유의 사업을 하고 싶었는데.

---

03 집에서 " 엄마 vs. 아들, 세기의 대결! "

A Tom! <u>네가 네 방을 청소해줘야겠어.</u>

B Mom, <u>전 그걸 하고 싶지 않아요.</u>

A : 톰! 네 방을 청소해줘야겠어.
B : 엄마, 전 하고 싶지 않아요.

정답
01 I need you to get this done by tonight.
02 I have always wanted to run my own business.
03 I need you to clean your room. / I don't want to do that.

Chapter 4
Review

● 하게 하다 패턴 무엇이 동사하게 하다

I + have/make + him + do dishes.
　　　　　　　　　그가　　　설거지하게

I + get + him + to work.
　　　　　　그가　　　일하게

→ 하게 해주다 무엇이 동사하게 해주다
- Let me go to the beach. 내가 해변에 가게 해줘.
- Help me carry my bags. 내가 내 가방을 나르게 도와줘.

→ 해줬으면 싶다 무엇이 동사해줬으면 싶다
- I want you to leave. 네가 떠나줬으면 싶다.

→ 해줘야겠다 무엇이 동사해줘야겠다
- I need you to clean your room. 네가 네 방을 청소해줘야겠다.

Chapter 5

| DAY23 | DAY24 | DAY25 | DAY26 |

● 주다 패턴 | 누구에게 무엇을 주다

- **get** — 99.2만번 빈출 TOP
- **make** — 85.7만번
- **give** — 38.4만번
- **bring** — 17.4만번
- **pay** — 13.3만번
- **offer** — 10.6만번

→ **해주다** 누구에게 무엇을 해주다 **do** 257만번

→ **읽어주다** 누구에게 무엇을 읽어주다 **read** 11.4만번

→ **보내주다** 누구에게 무엇을 보내주다 **send** 9.6만번

DAY 23 주다 패턴

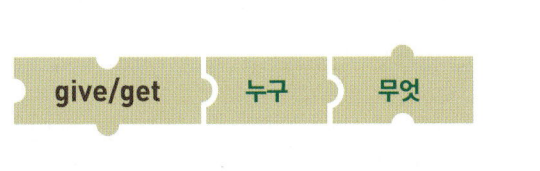

→ give와 get은 '주다 • 갖게 하다'라는 의미를 지닌 대표적인 동사인데요. **give/get + 누구 + 무엇**의 패턴으로 사용되고, **누구에게 무엇을 주다**라고 해석합니다. give는 **give + 무엇**의 패턴으로 쓰이면 '하다'의 의미도 지니는데요. 이때는 '해주다, 베풀어주다'라는 뉘앙스가 있습니다.

---

give 38.4만번
주다
하다

get 99.2만번 [빈출 TOP]
구해다 주다
얻다

● 주다 패턴

| give | me | a call | ≫ 나에게 전화를
주다 + 누구에게 + 무엇을

| get | me | some medicine | ≫ 나에게 약을 좀
구해다 주다 + 누구에게 + 무엇을

↳ 다양한 '주다' 동사는 157p

● 하다 패턴

| give | a presentation | ≫ 발표를
하다 + 무엇을

↳ 다양한 '하다' 동사는 155p

● 가지다 패턴

| get | an award | ≫ 상을
얻다 + 무엇을

↳ 다양한 '가지다' 동사는 156p

동사로 읽기

동사를 보고 알맞은 문장 패턴을 읽어내보세요.

---

give
gave 줬다/했다

01 **Give** me a call.

쥐라 / 나에게 / 전화를.

패턴 give + 누구 + 무엇

call
전화(통화)

---

02 They are going to **give** a presentation.

그들은 / ~할 예정이다 / **해줄** / 발표를.

패턴 give + 무엇

presentation
발표

> ⏱ 10초 팝업 문법
> be going to로 '~할 예정이다'를 표현할 수 있어요.

---

get
got 구해다 줬다/얻었다

03 **Get** me some medicine.

구해다 줘 / 나에게 / 약을 좀.

패턴 get + 누구 + 무엇

medicine
약

---

04 The company **got** an award.

그 회사는 / **받았다** / 상을.

패턴 get + 무엇

company 회사
award 상

패턴으로 말하기

패턴에 알맞은 **동사** 로 문장을 말해보세요.

[누구에게 무엇을 **주다**]

05 Please, **give** me a wake-up call.
저에게 모닝콜을 **주세요**.

wake-up call 모닝콜

06 Alcohol **gives** me a headache.
술은 나에게 두통을 **줘**.

alcohol 술, 알코올
headache 두통

07 **Get** me some coffee, please.
나에게 커피를 좀 **구해다** 주세요.

[무엇을 **하다**]

08 They are going to **give** a party.
그들은 파티를 **할**(=연회를 베풀) 예정이야.

[무엇을 **얻다**]

09 My team **got** a big award.
우리 팀은 큰 상을 **받았다**.

10 I **got** a good grade.
나는 좋은 성적을 **받았다**.

grade
성적

실전 상황 회화

밑줄 친 우리말을 영작해 보세요.

MP3 음원으로 문장 발화 연습

---

01 회사에서 " 사장님, 축하 파티 열어주실 거죠? "

A 그 회사는 큰 상을 받았어.

B Yeah, 그들은 파티를 할 예정이야 for employees.

A : 그 회사 큰 상 받았다며.
B : 맞아, 그들은 직원들을 위해 파티를 해줄 거야.

---

02 회식 자리에서 " 대리님… 저는 술 마시면 안 되는데… "

A 술은 저에게 두통을 줘요.

B Then drink juice or tea instead.

A : 술은 저에게 두통을 줘요.
B : 그럼 대신 주스나 차를 마셔요.

---

03 여행지에서 " 자기야, 커피 사다줄까? "

A Honey, I will go to a cafe after lunch.

B Oh, please 커피 좀 구해다 주라.

A : 자기야, 나 점심 먹고 나서 카페에 갈 건데.
B : 아, 그럼 나 커피 좀 구해다 주라.

정답
01 The company got a big award. / they are going to give a party
02 Alcohol gives me a headache.
03 get me some coffee.

DAY 24 주다 패턴

| buy/pay | 누구 | 무엇 |

→ '사다, 지불하다'로 많이 알려진 buy와 pay에도 '주다'의 의미가 있습니다. **buy/pay + 누구 + 무엇**의 패턴으로 사용되면, buy는 **누구에게 무엇을 사주다**, pay는 **누구에게 얼마를 지불해주다**라는 뜻이 됩니다. pay는 for(~을 위하여)와 함께 쓰면 무엇을 위해 얼마를 지불하다라는 뜻으로도 쓸 수 있습니다.

buy 10.1만번
사주다
➕ 사다

pay 13.3만번
지불해주다
➕ 지불하다

● 주다 패턴

| buy | me | a present |

》 나에게 선물을

사주다 + 누구에게 + 무엇을

| pay | him | $10 |

》 그에게 10달러를

지불해주다 + 누구에게 + 얼마를

↳ 다양한 '주다' 동사는 157p

● 사다

| buy | a dress |

》 드레스를

사다 + 무엇을

● 지불하다

| pay | $100 | for dinner |

》 100달러를 저녁 식사에

지불하다 + 얼마를 + for 무엇에

동사로 읽기

동사를 보고 알맞은 문장 패턴 을 읽어내보세요.

---

buy
bought 사줬다/샀다

01 # He **bought** me a present.

그는 / **사줬다** / 나에게 / 선물을.

패턴 buy + 누구 + 무엇

present
선물

02 # I **bought** a dress.

나는 / **샀다** / 드레스를.

패턴 buy + 무엇

dress
드레스

---

pay
paid ~에게 ~를 지불해줬다/~를 ~에 지불했다

03 # We have to **pay** him $10.

우리는 / **지불해줘야** 한다 / 그에게 / 10달러를.

패턴 pay + 누구 + 얼마

> ⏱10초 팝업 문법
> have to로 '~해야 한다'를 표현할 수 있어요.

04 # She **paid** $100 for dinner.

그녀는 / **지불했다** / 100달러를 / 저녁 식사에.

패턴 pay + 얼마 + for 무엇

dinner
저녁 식사

패턴으로 말하기

패턴에 알맞은 **동사** 로 문장을 말해보세요.

누구에게 무엇을 **주다**

05 She **bought** me a birthday present.
그녀는 나에게 생일 선물을 **사줬다**.

06 I **bought** the baby a toy.
나는 아기에게 장난감을 **사줬다**.

baby 아기
toy 장난감

07 He has to **pay** me $1500.
그는 나에게 1500달러를 **지불해줘야** 한다.

무엇을 **사다**

08 I **bought** a small gift for you.
나는 너를 위해 작은 선물을 **샀다**.

small 작은
gift 선물

얼마를 무엇에 **지불하다**

09 She **paid** $200 for her new shoes.
그녀는 그녀의 새 신발에 200달러를 **지불했다**.

10 He **paid** $100 for the concert ticket.
그는 콘서트 티켓에 100달러를 **지불했다**.

concert 콘서트
ticket 티켓

실전 상황 회화
밑줄 친 우리말을 영작해 보세요.

> MP3 음원으로 문장 발화 연습

---

01 이사 나갈 때 " 집 주인 아저씨, 보증금 주세요~ "

A How much do I have to pay?

B 당신은 저에게 1500달러를 지불해주셔야 합니다.

A : 제가 얼마나 지불해야 합니까?
B : 당신은 저에게 1500달러를 지불해주셔야 합니다.

---

02 돌잔치에서 " 앗, 선물 사는 걸 까먹었다! 작은 거 뭐 없나··· "

A 나는 아기에게 장난감을 하나 사줬어.

B Oh, yeah. 나는 작은 선물을 하나 샀어, too.

A : 나는 아기에게 장난감을 하나 사줬어.
B : 아 응. 나도 작은 선물을 하나 샀어.

---

03 쇼핑몰에서 " 신발 한 켤레에 20만원?! 너무 비싼걸? "

A 그녀는 그녀의 새 신발을 위해 200달러를 지불했어.

B That's too expensive.

A : 그녀는 그녀의 새 신발을 위해 200달러를 지불했어.
B : 그건 너무 비싸다.

정답
01 You have to pay me $1500.
02 I bought the baby a toy. / I bought a small gift.
03 She paid $200 for her new shoes.

DAY 25 주다 패턴

| offer/bring | 누구 | 무엇 |

→ '제안하다', '가져가다'라는 뜻의 offer와 bring 또한 '주다' 동사로 자주 쓰입니다. **offer/bring + 누구 + 무엇**의 패턴으로 쓰고, **누구에게 무엇을 제안해주다 • 가져다주다**라고 해석합니다. bring은 앞서 **무엇을 어디로 가져가다**라는 뜻의 '가게 하다' 동사로 배웠었는데요. **bring + 무엇 + 어디**의 패턴으로 씁니다.

---

offer 10.6만번
제안 • 제공해주다
➕ 제안 • 제공하다

bring 17.4만번
가져다주다
가져가다

● 주다 패턴

| offer | me | a job |

제안해주다 + 누구에게 + 무엇을 》 나에게 일자리를

| bring | her | flowers |

가져다주다 + 누구에게 + 무엇을 》 그녀에게 꽃을

↳ 다양한 '주다' 동사는 157p

○ 가게 하다 패턴

| bring | food | to the party |

가져가다 + 무엇을 + 어디로 》 음식을 파티에

↳ 다양한 '가게 하다' 동사는 154p

○ 제안 • 제공하다

| offer | help |

제안하다 + 무엇을 》 도움을

동사로 읽기

동사를 보고 알맞은 문장 패턴 을 읽어내보세요.

---

offer
offered 제공했다 · 제안했다

01 They might **offer** me a job.
그들이 / 아마 **제안할지도 모르겠다** / 나에게 / 일자리를.

패턴 offer + 누구 + 무엇

job
일자리

> ⏱10초 팝업 문법
> might로 '~할지도 모르겠다'를 표현할 수 있어요.
> ▶He might offer us help. 그는 우리에게 도움을 제안할지도 모르겠다.

02 They **offer** valet parking.
그들은 / **제공합니다** / 발렛 주차(=대리 주차)를.

패턴 offer + 무엇

valet parking
대리 주차

---

bring
brought 가져다줬다/가져갔다

03 I **brought** her flowers.
나는 / **가져다주었다** / 그녀에게 / 꽃을.

패턴 bring + 누구 + 무엇

flower
꽃

04 He **brought** some food to the party.
그는 / **가져갔다** / 음식을 좀 / 파티에.

패턴 bring + 무엇 + 어디

some
약간

패턴으로 말하기

패턴에 알맞은 **동사** 로 문장을 말해보세요.

누구에게 무엇을 주다

05 They might **offer** you a drink.
그들은 당신에게 술 한잔을 **제안할지도**(=권할지도) 모르겠다.

drink
술

06 She **offered** me help.
그녀는 내게 도움을 **주었다**.

help
도움

07 My friend **brought** me medicine.
내 친구는 나에게 약을 **가져다주었다**.

무엇을 제안·제공하다

08 They **offer** free parking.
그들은 무료 주차를 **제공한다**.

free
무료의

무엇을 어디로 가져가다

09 She sometimes **brings** her work home.
그녀는 때때로 그녀의 일을 집으로 **가져간다**.

10 I will **bring** sandwiches to the picnic.
나는 소풍에 샌드위치를 **가져가겠다**.

picnic 소풍

실전 상황 회화

밑줄 친 우리말을 영작해 보세요.

MP3 음원으로 문장 발화 연습

01 병문안 가서 " 아플 땐 친구만한 존재도 없죠! "

A Are you feeling better?

B Yes, thanks. 내 친구가 나에게 약을 좀 가져다주었어.

A : 몸은 좀 괜찮니?
B : 응, 고마워. 내 친구가 나에게 약을 좀 가져다주었어.

02 면접이 끝나고 " 취업, 넌 내 거야! "

A How was your job interview?

B Quite good. 그들이 내게 일자리를 제안할지도 모르겠어.

A : 구직 면접 어땠니?
B : 꽤 좋았어. 그들이 내게 일자리를 제안할지도 모르겠어.

03 약속 잡을 때 " 도시락 싸서 강가로 소풍 어때? "

A Let's go to the river. They offer free parking now.

B Great. 내가 소풍에 샌드위치를 가져갈게.

A : 우리 강에 가자. 그들은 이제 무료 주차를 제공해.
B : 좋아. 내가 소풍에 샌드위치를 가져갈게.

정답
01 My friend brought me some medicine.
02 They might offer me a job.
03 I will bring sandwiches to the picnic.

DAY 26 주다 패턴

| read/make | 누구 | 무엇 |

→ read, make하면 '읽다', '만들다'가 가장 먼저 떠오를 텐데요. '주다' 패턴에서는 이와 같은 다양한 동사들도 사용할 수 있습니다. 그래서 **read/make + 누구 + 무엇**의 패턴으로 쓰면, **누구에게 무엇을 읽어주다 • 만들어주다**라는 뜻이 됩니다.

---

read 11.4만번
읽어주다
➕ 읽다

make 85.7만번
만들어주다
➕ 만들다

● 주다 패턴

| read | me | books >> 나에게 책을
읽어주다 + 누구에게 + 무엇을

| make | us | breakfast >> 우리에게 아침식사를
만들어주다 + 누구에게 + 무엇을

↳ 다양한 '주다' 동사는 157p

● 읽다 & 만들다

| read | books >> 책을
읽다 + 무엇을

| make | cookies >> 쿠키를
만들다 + 무엇을

동사로 읽기

동사를 보고 알맞은 문장 패턴을 읽어내보세요.

---

read
read ['뤠드'라고 읽습니다] 읽어주었다/읽었다

01 He used to **read** me books.

그는 / **읽어주곤 했다** / 내게 / 책을.

패턴 read + 누구 + 무엇

> ⏱10초 팝업 문법
> used to 뒤에 동사를 붙이면 '~하곤 했다'를 표현할 수 있어요.

---

02 He **read** a book.

그는 / **읽었다** / 책 한 권을.

패턴 read + 무엇

---

make
made 만들어줬다/만들었다

03 She used to **make** us breakfast.

그녀는 / **만들어주곤 했다** / 우리에게 / 아침 식사를.

패턴 make + 누구 + 무엇

breakfast
아침식사

---

04 She **made** cookies.

그녀는 / **만들었다** / 쿠키를.

패턴 make + 무엇

cookie
쿠키

패턴으로 말하기

패턴에 알맞은 <u>동사</u> 로 문장을 말해보세요.

누구에게 무엇을 주다

05 I used to **read** him bedtime stories.
나는 그에게 잠자리 동화들을 **읽어주곤** 했다.

bedtime stories
잠자리 동화

06 He **made** us spaghetti.
그는 우리에게 스파게티를 **만들어줬다**.

spaghetti
스파게티

07 Mom **made** me a dress.
엄마는 내게 드레스를 **만들어줬다**.

무엇을 읽다

08 He **read** Shakespeare in college.
그는 대학에서 셰익스피어의 작품들을 **읽었다**.

> ⏱ 10초 팝업 문법
> read 뒤에 오는 작가 이름은 그 작가의 작품들을 의미해요.

Shakespeare
셰익스피어
in college
대학에서

09 He often **reads** English books.
그는 자주 영어 책을 **읽는다**.

무엇을 만들다

10 I **made** spaghetti for my mom.
나는 나의 어머니를 위해 스파게티를 **만들었다**.

for
~를 위해

실전 상황 회화

밑줄 친 우리말을 영작해 보세요.

MP3 음원으로
문장 발화 연습

01　데이트할 때 " 요리도 할 줄 아는 멋진 남자! "

A How was your date?

B It was fun. 그는 나에게 스파게티를 만들어줬어. It was great.

A : 데이트 어땠니?
B : 재밌었어. 그는 나에게 스파게티를 만들어줬어. 맛있었어.

02　집에서 " 엄마가 아침마다 영어 공부를 하기 시작했어! "

A What does your mom do every morning?

B 그녀는 우리에게 아침을 만들어주곤 했어. But now 그녀는 영어 책을 읽어.

A : 너희 어머니는 매일 아침 무엇을 하시니?
B : 우리에게 아침을 만들어주곤 하셨어. 하지만 이제 영어 책을 읽으셔.

03　학교에서 " 책을 좋아하는 우리 아들! 비결은? "

A Wow, your son really loves books!

B Yes, 나는 그에게 잠자리 동화를 읽어줬어요 every night.

A : 와, 당신 아들은 정말 책을 좋아하는군요!
B : 네, 저는 그에게 매일 밤 잠자리 동화를 읽어줬어요.

정답
01 He made me spaghetti.
02 She used to make us breakfast. / she reads English books.
03 I read him bedtime stories

Chapter 5
Review

- **주다** 패턴 누구에게 무엇을 주다

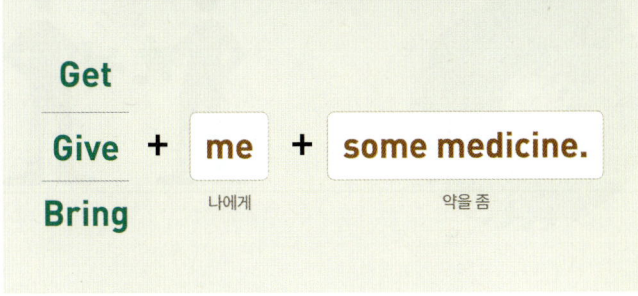

Get / Give / Bring + me(나에게) + some medicine.(약을 좀)

→ **해주다** 누구에게 무엇을 해주다
  ▶ **Do** me a favor. 나에게 친절한 행위를 해줘(부탁을 들어줘).

→ **읽어주다** 누구에게 무엇을 읽어주다
  ▶ **Read** me the message. 나에게 메시지를 읽어줘.

→ **보내주다** 누구에게 무엇을 보내주다
  ▶ **Send** me a letter. 나에게 편지를 보내줘.

Chapter 6

DAY27 | DAY28 | DAY29 | DAY30

- **생각하다 패턴** | 문장이라고 생각하다

think	77.2만번 빈출 TOP
look	49.1만번
feel	27.5만번
seem	21.9만번
believe	17.8만번
consider	10.1만번

⊕ **여기다 패턴** | 무엇을 어떠하다고 여기다   find 39.5만번   consider 10.1만번

DAY 27 생각하다 패턴

think/believe ─ **(that) 문장**

→ think와 believe는 판단이나 견해를 표현할 수 있는 **생각하다** 동사입니다. **think/believe + (that) 문장**의 패턴으로 사용하면, **문장이라고 생각하다**라는 뜻이 됩니다. 비슷한 의미로 **무엇을 ~라고 여기다**라고 표현할 수도 있는데요. 이때는 **think/believe + 무엇 + to be~**의 패턴으로 씁니다.

---

think 77.2만번 [빈출 TOP]
(문장이라고) 생각하다
(to be ~라고) 생각하다

believe 17.8만번
(문장이라고) 믿다
(to be ~라고) 믿다

● 생각하다 패턴

| think | (that) she is pretty | >> 그녀가 예쁘다고
생각하다 + 문장이라고

| believe | (that) she will win | >> 그녀가 이길 것이라고
믿다 + 문장이라고

↳ 다양한 '생각하다' 동사는 158p

○ 여기다 패턴

| think | him | to be a genius | >> 그를 천재라고
생각하다 + 무엇을 + ~라고

| believe | her | to be honest | >> 그녀를 정직하다고
믿다 + 무엇을 + ~라고

↳ 다양한 '여기다' 동사는 159p

동사로 읽기

동사를 보고 알맞은 문장 패턴을 읽어내보세요.

---

think
thought 생각했다

01 You must **think** that she is pretty.

너는 / **생각하는** 게 분명하다 / 그녀가 예쁘다고.

패턴 think + (that) 문장

pretty
(외모가) 예쁜

⏱ 10초 팝업 문법
must로는 '~해야만 한다'뿐만 아니라, '~임에 틀림없다'도 표현할 수 있어요.
▶ She must be pretty. 그녀는 분명 예쁠 거야.

---

02 I **think** him to be a genius.

나는 / **생각한다** / 그를 / 천재라고.

패턴 think + 무엇 + to be ~

genius
천재

---

believe
believed 믿었다

03 We **believe** she will win the game.

우리는 / **믿는다** / 그녀가 경기에서 이길 것이라고.

패턴 believe + (that) 문장

win 이기다
game 경기, 게임

---

04 We **believe** her to be honest.

우리는 / **믿는다** / 그녀를 / 정직하다고.

패턴 believe + 무엇 + to be ~

honest
정직한

패턴으로 말하기

패턴에 알맞은 **동사** 로 문장을 말해보세요.

문장이라고 **생각하다**

05 You must **think** that she is very pretty.
너는 그녀가 매우 예쁘다고 **생각하는** 게 분명하다.

06 We all **believe** she will win this game.
우리 모두는 그녀가 이번 경기에서 이길 것이라 **믿는다**.

07 I **think** I can help you get there.
제가 당신이 그곳에 가시도록 도울 수 있다고 **생각합니다**.

08 He **believes** that his dream will come true.
그는 그의 꿈이 실현될 거라고 **믿는다**.

무엇을 ~라고 여기다

09 No one **thinks** you to be generous.
그 누구도 너를 인심 좋다고 **생각하지** 않아.

generous
인심 좋은

10 We all **believe** her to be the best.
우리 모두 그녀를 최고라고 **믿는다**.

the best
최고

실전 상황 회화

밑줄 친 우리말을 영작해 보세요.

> MP3 음원으로 문장 발화 연습

01 회사에서 "역시 명절 상여는 상품권… 응? 아니라고?"

A I gave all my employees 10,000₩ gift cards. Isn't that great?

B Um… 아무도 그걸 인심 좋다고 생각하진 않을 거야.

A: 나 모든 직원들에게 만 원짜리 상품권을 줬어. 대단하지 않니?
B: 엄… 아무도 그걸 인심 좋다고 생각하진 않을 거야.

02 파티에서 "인기 만점 그녀! 녀석, 벌써 반했구나?"

A 너 분명 그녀를 예쁘다고 생각하는구나.

B Of course. Who doesn't?

A: 너 분명 그녀를 예쁘다고 생각하고 있구나.
B: 당연하지. 누군들 안 그러겠어?

03 경기장에서 "우리 학교 대표 선배 언니! 꼭 이길 거라 믿어요!"

A 우리는 그녀를 최고의 테니스 선수라고 믿어.

B Yes, 모두 그녀가 경기에서 이길 것이라 믿어.

A: 우리는 그녀를 최고의 테니스 선수라고 믿어.
B: 맞아, 모두 그녀가 경기에서 이길 것이라 믿어.

정답
01 No one will think that to be generous.
02 You must think that she is pretty.
03 We believe her to be the best tennis player. / everyone believes she will win the game.

DAY 28 생각하다 패턴

consider/find + **(that) 문장**

→ consider와 find 역시 **생각하다** 동사인데요. 자신의 주관적인 생각이나 깨달음을 표현합니다. 그래서 **consider/find + (that) 문장**의 패턴으로 쓰면, **문장이라고 생각하다 • 생각하게 되다**라는 뜻이 됩니다. 비슷한 의미로 **무엇을 어떠하다고 여기다**를 표현할 수 있는데요. **consider/find + 무엇 + 어떠하다**의 패턴으로 씁니다.

consider 10.1만번
(문장이라고) 생각하다
(어떠하다고) 여기다

find 39.5만번
(문장이라고) 생각하게 되다
(어떠하다고) 여기다

● 생각하다 패턴

consider | **(that) this is the best option**　》 이것이 최선의 선택이라고
생각하다 + 문장이라고

find | **(that) cooking could be fun**　》 요리가 재미있을 수 있다고
생각하게 되다 + 문장이라고

↳ 다양한 '생각하다' 동사는 158p

● 여기다 패턴

consider | **yourself** | **lucky**　》 너 자신을 운 좋다고
여기다 + 무엇을 + 어떠하다고

find | **it** | **useful**　》 그것은 유용하다고
여기다 + 무엇을 + 어떠하다고

↳ 다양한 '여기다' 동사는 159p

동사로 **읽기**

동사를 보고 알맞은 문장 패턴 을 읽어내보세요.

---

consider
considered 생각했다/여겼다

01 # We **consider** this is the best option.

우리는 / **생각한다** / 이것이 최선의 선택이라고.

패턴 consider + (that) 문장

option
선택

02 # **Consider** yourself lucky.

여겨라 / 너 자신을 / 운이 좋다고(=운 좋은 줄 알아라).

패턴 consider + 무엇 + 어떠하다

lucky
운이 좋은

> ⏰10초 팝업 문법
> -self로 끝나는 말로 '누구 자신'을 표현할 수 있어요.
> ▶ She really loves herself. 그녀는 정말로 그녀 자신을 사랑한다.

---

find
found 생각하게 됐다/여겼다

03 # I **found** that cooking could be fun.

나는 / **생각하게 됐다** / 요리가 재미있을 수 있다고.

패턴 find + (that) 문장

cooking
요리

04 # People **found** it very useful.

사람들은 / **여겼다** / 그것을 / 매우 유용하다고.

패턴 find + 무엇 + 어떠하다

useful
유용한

패턴으로 말하기

패턴에 알맞은 **동사** 로 문장을 말해보세요.

문장이라고 **생각하다**

05 I **find** that kids are usually mean.
나는 아이들이 대개 못되다고 **생각한다**.

mean
못된, 심술궂은

06 We **considered** that your new products might move well.
우리는 너의 신제품들이 잘 움직일지도(=팔릴지도) 모른다고 **생각했다**.

07 I **considered** that he was the best candidate for the job.
나는 그가 그 일자리에 맞는 최고의 지원자였다고 **생각했다**.

candidate
후보자, 지원자

무엇을 어떠하다고 **여기다**

08 **Consider** it done.
그것을 다 된 것으로 **여겨라**(=믿고 맡겨 두어라).

done
다 된

09 I **found** the story very interesting.
나는 그 이야기를 매우 흥미롭다고 **여겼다**.

interesting
흥미로운

10 She **found** his behavior very rude.
그녀는 그의 행동을 매우 무례하다고 **여겼다**.

behavior
행동

실전 상황 회화

밑줄 친 우리말을 영작해 보세요.

MP3 음원으로 문장 발화 연습

---

01 정기회의에서 " 오늘따라 사장님 말씀이 귀에 착착 감겨~ "

A How was the president's speech?

B It was great. **나는 그 이야기를 매우 흥미롭다고 여겼다.**

A : 사장님의 연설은 어땠나요?
B : 좋았어요. 전 그 이야기가 매우 흥미롭게 느껴졌어요.

---

02 가전제품 코너에서 " 요즘 이 믹서기가 참 잘나가요! "

A This blender is so popular these days.
사람들이 그것을 유용하다고 여겨요.

B That's right. Thanks to it,
나는 요리가 즐거울 수 있다고 생각하게 됐어요.

A : 이 믹서기는 요즘 매우 인기 있어요. 사람들이 그것을 유용하다고 여겨요.
B : 맞아요. 그것 덕분에, 나는 요리가 즐거울 수 있다고 생각하게 됐어요.

---

03 은행에서 " 대출받기도 쉽지 않군! "

A You offered us a very good loan. But why?

B **우리는 당신의 신제품들이 잘 팔릴지도 모른다고 생각했어요.**

A : 당신은 저희에게 아주 좋은 대출을 제공해 주셨는데요. 근데 왜죠?
B : 우리는 당신의 신제품들이 잘 팔릴지도 모른다고 생각했어요.

정답
01 I found the story very interesting.
02 People find it very useful. / I found that cooking could be fun.
03 We considered that your new products might move well.

DAY 29 생각하다 패턴

| It seems/looks like | 문장 |

➔ seem과 look은 **문장인 것 같은데?** 라는 뉘앙스로 자신의 **주관적인 생각**을 표현할 때에 자주 사용합니다. 이땐 **It seems/looks like + 문장**의 패턴으로 사용합니다. 비슷한 의미로 **어떠해 보인다**라고 표현할 수도 있는데요. **seem/look + 어떠하다**의 패턴으로 씁니다.

seem 21.9만번
(문장인) 것 같다
➕ (어떠하게) 보이다

look 49.1만번
(문장인) 것 같다
➕ (어떠하게) 보이다

● 생각하다 패턴

It seems like | **he is rich** 〉〉 그가 부자인
것 같다 + 문장인

It looks like | **I will be late** 〉〉 내가 늦을
것 같다 + 문장인

↳ 다양한 '생각하다' 동사는 158p

● 보이다

seem | **tired** 〉〉 피곤해
보인다 + 어떠하게

look | **expensive** 〉〉 비싸게
보인다 + 어떠하게

동사로 읽기

동사를 보고 알맞은 문장 패턴을 읽어내보세요.

---

seem
seemed ~인 것 같았다/~하게 보였다

01 It **seems** like he is rich.

~인 것 같다 / 그가 부자다.

패턴 It seems like + 문장

rich
부유한

02 She **seems** tired.

그녀는 / **보인다** / 피곤해진 듯이.

패턴 seem + 어떠하다

tired
피곤해진

---

look
looked ~인 것 같았다/~하게 보였다

03 It **looks** like I will be late.

~일 것 같다 / 내가 늦을 것이다.

패턴 It looks like + 문장

late
늦은

04 It **looks** more expensive than my car.

그것은 / **보인다** / 더 비싸게 / 내 차보다.

패턴 look + 어떠하다

> ⏱10초 팝업 문법
> 짧은 단어는 -er, 긴 단어는 more를 붙이면 '더 ~한'을 표현할 수 있어요.
> ▶ expensive 비싼 → more expensive 더 비싼
> ▶ nice 좋은 → nicer 더 좋은   ※ good 좋은 → better 더 좋은

패턴으로 말하기

패턴에 알맞은 <u>**동사**</u> 로 문장을 말해보세요.

> ## 문장인 **것 같다**

05 **It seems like** that lady runs this restaurant.
저 여인이 이 식당을 운영하는 **것 같다**.

06 **It seems like** his wife is very rich.
그의 아내가 매우 부자인 **것 같다**.

wife
아내

07 **It looks like** I will be late again.
내가 또 늦게 될 **것 같다**.

> ## 어떠하게 **보인다**

08 You **seem** tired today.
너는 오늘 피곤해 **보인다**.

09 Her car **looks** more expensive than my house.
그녀의 차는 내 집보다 더 비싸 **보인다**.

10 Her dress **looks** nicer than mine.
그녀의 드레스는 내 것보다 더 좋아 **보인다**.

nicer 더 좋은
mine 나의 것

실전 상황 회화

밑줄 친 우리말을 영작해 보세요.

MP3 음원으로 문장 발화 연습

---

01 학교에서 " <u>선배, 일찍 들어가 쉬어요</u> "

A <u>오늘 피곤해 보이시네요.</u>

B Yea, I might leave early.

A : 오늘 피곤해 보이시네요.
B : 응, 일찍 떠날까 봐.

---

02 회사에서 " <u>김 대리! 미팅에 또 늦는 거야?</u> "

A Where are you? The meeting just started.

B Sorry. <u>저 또 늦을 것 같네요.</u>

A : 너 어디야? 미팅 방금 시작했어.
B : 죄송해요. 저 또 늦을 것 같네요.

---

03 식당에서 " <u>야야, 식당 주인 봤어? 장난 아니야~</u> "

A <u>저 여인이 이 식당을 운영하는 거 같아.</u>

B Yea. Wow. <u>그녀의 차가 내 집보다 비싸 보여!</u>

A : 저 여인이 이 식당을 운영하는 거 같아.
B : 응. 우와. 그녀의 차가 내 집보다 비싸 보여!

정답
01 You seem tired today.
02 It looks like I will be late again.
03 It seems like that lady runs this restaurant. / Her car looks more expensive than my house!

DAY 30 생각하다 패턴

| It seems/feels like | 문장 |

→ '느끼다'로 많이들 알고 있는 feel 또한 seem, look과 유사하게 사용됩니다. **It feels like + 문장**의 패턴으로 말하면, **문장인 것 같은데?**라고 표현할 수 있고요. **feel + 어떠하다**라는 패턴으로 쓰이면 **어떠하게 느껴지다**라고 표현할 수 있습니다.

---

seem 21.9만번
(문장인) 것 같다
➕ (어떠하게) 보이다

feel 27.5만번
(문장인) 것 같다
➕ (어떠하게) 느껴지다

● 생각하다 패턴

| It seems like | **you are busy** | » 네가 바쁜 |

것 같다 + 문장인

| It feels like | **it may rain** | » 비가 올 수도 있을 |

것 같다 + 문장인

↳ 다양한 '생각하다' 동사는 158p

● 보이다 & 느껴지다

| seem | **kind** | » 착하게 |

보인다 + 어떠하게

| feel | **uncomfortable** | » 불편하게 |

느껴지다 + 어떠하게

동사로 읽기

동사를 보고 알맞은 문장 **패턴**을 읽어내보세요.

---

seem
seemed ~인 것 같았다/~하게 보였다

01 It **seems** like you are busy.

~인 것 같다 / 네가 바쁘다.

패턴 It seems like + 문장

busy
바쁜

---

02 He **seems** kind.

그는 / **보인다** / 친절해.

패턴 seem + 어떠하다

kind
친절한

---

feel
felt ~인 것 같았다/~하게 느껴졌다

03 It **feels** like it may rain.

~인 것 같다 / 비가 올지도 모른다.

패턴 It feels like + 문장

rain
비가 오다

> ⏱ 10초 팝업 문법
> may로 '~해도 된다' 혹은 '~일지도 모른다'를 표현할 수 있어요.
> ▶ You may leave. 너는 이제 떠나도 된다.
> ▶ It may not rain tomorrow. 내일은 비가 안 올지도 모른다.

---

04 This chair **feels** uncomfortable.

이 의자는 / **느껴진다** / 불편하게.

패턴 feel + 어떠하다

uncomfortable 불편한
*comfortable 편안한

패턴으로 말하기

패턴에 알맞은 <u>**동사**</u> 로 문장을 말해보세요.

문장인 것 같다

05 <u>**It seems like**</u> the hot water is not working.
온수가 작동하지 않는 **것 같다**.

the hot water
온수

06 <u>**It feels like**</u> it may rain soon.
곧 비가 올 수도 있을 **것 같다**.

soon
곧

07 <u>**It feels like**</u> we pay too much for rent.
우리가 임대료에 (돈을) 너무 많이 지불하는 **것 같다**.

rent
집세, 임대료

어떠하게 **보이다 · 느껴지다**

08 My new teacher <u>**seems**</u> kind.
나의 새로운 선생님은 친절해 **보인다**.

09 This chair does not <u>**feel**</u> comfortable.
이 의자는 편하게 **느껴지지** 않는다.

10 My father <u>**feels**</u> old these days.
우리 아버지는 요새 늙었다고 **느끼신다**.

these days
요새, 요즘

실전 상황 회화

밑줄 친 우리말을 영작해 보세요.

MP3 음원으로 문장 발화 연습

01 환갑잔치에서 "아버님 힘내셔요!"

A: Wow, today is your dad's 60th birthday?
B: Yea, so <u>그는 요새 늙었다고 느끼셔.</u>

A: 우와, 오늘이 네 아버님 60번째 생신이라고?
B: 응, 그래서 그는 요새 늙었다고 느끼셔.

02 호텔에서 "한겨울에 온수가 안 나온다니!"

A: <u>온수가 작동하지 않는 것 같은데요.</u>
B: Oh, sorry, sir. We'll get it fixed by tonight.

A: 온수가 작동하지 않는 것 같은데요.
B: 아, 죄송합니다, 선생님. 저희가 오늘 밤까지 고쳐두겠습니다.

03 회사에서 "맨날 바쁜 박 대리. 내 발목 잡기 전에 빨리 퇴근해야지…"

A: <u>너 지금 바쁜 것 같네.</u>
B: Yes, I am. But I think I'll be done soon.

A: 너 지금 바쁜 것 같네.
B: 네, 저 바빠요. 근데 저 곧 끝날 것 같아요.

정답
01 he feels old these days.
02 It seems like the hot water is not working.
03 It seems like you are busy right now.

Chapter 6
Review

- **생각하다** 패턴 　문장이라고 생각하다

I think (that) / **I believe (that)** + **I can help you.**
내가 너를 도울 수 있다고

It looks like / **It feels like** + **it is going to rain.**
비가 올 것 같이

⊕ **여기다** 패턴 　무엇을 어떠하다고 여기다

▶ He finds his work so boring. 그는 그의 일을 너무 지루하다고 여긴다.
▶ She believes him to be generous. 그녀는 그를 인심 좋다고 여긴다.

회화가 편해지는 빈출동사 PLUS⁺ 5

사용 패턴이 다른 유의어 & 반의어

| PLUS 01 | PLUS 02 | PLUS 03 |

보다 동사

| see | 66.3만번 빈출TOP | watch | 12.4만번 |
| show | 20.8만번 | look | 49.1만번 |

말하다 동사

| speak | 11.7만번 | talk | 22.9만번 |
| tell | 38.8만번 | say | 191만번 빈출TOP |

시작하다 vs. 멈추다 vs. 계속하다

| start | 21.3만번 | begin | 21.8만번 |
| stop | 12.1만번 | continue | 12.6만번 |

to동사와 쓰이면 의미가 달라지는 동사

PLUS 04　PLUS 05

to동사하게 되다

happen　18.2만번　　come　62.8만번

to동사하고 싶다

love　10.3만번　　like　18.2만번

to동사하려 한다

try　29.4만번　　mean　24.2만번

to동사할 것을 기억하다

remember　10.6만번

---

* **to동사할 것을 잊다**　forget　4.5만번

PLUS 01 보다 동사

see 66.3만번
보다

watch 12.4만번
지켜보다

see
saw 봤다/생각했다

01 패턴 see + 무엇 + 하다 > 무엇이 ~하는 것을 보다

I **saw** you run to the store.
나는 / **보았다** / 네가 / 달려가는 것을 / 가게로(=장보는 것을).

run
달리다

02 패턴 see + that 문장 > 문장이라고 생각하다

I **see** that he is innocent.
나는 / **생각한다** / 그가 결백하다고.

innocent
죄 없는, 결백한

watch
watched 지켜봤다

03 패턴 watch + 무엇 > 무엇을 지켜보다

We **watched** a movie together.
우리는 / **시청했다** / 영화를 / 같이.

movie
영화

04 패턴 watch + 무엇 + 하다 > 무엇이 ~하는 것을 지켜보다

We **watched** the sun rising together.
우리는 / **지켜보았다** / 태양이 / 떠오르는 것을 / 함께.

* see와 watch 모두 뒤에 동사ing가 올 수 있어요. → I saw you running to the store.

show 20.8만번	**look** 49.1만번
보여주다	보다

show
showed 보여줬다

05 **패턴** show + 무엇 > 무엇을 보여주다

Please, **show** your passport.

보여주세요 / 당신의 여권을.

passport
여권

06 **패턴** show + 누구 + 무엇 > 누구에게 무엇을 보여주다

Let me **show** you something.

~하게 해주세요 / **보여주게** / 당신에게 / 무언가를.

something
어떤 것, 무언

＊show + 누구 + 무엇 패턴은 '주다 패턴'이에요.

look
looked 봤다/찾았다

07 **패턴** look at + 무엇 > 무엇을 보다

Look at the picture.

보아라 / 그 사진을.

picture
사진, 그림

08 **패턴** look for + 무엇 > 무엇을 찾다

She is **looking** for a job.

그녀는 / **찾고 있다** / 직장을.

job
직업, 직장

＊look은 어떠해 보이다, 문장인 것 같다 패턴에서도 자주 사용해요(DAY 29).

PLUS 02 말하다 동사

speak 11.7만번 — 말하다
talk 22.9만번 — 이야기하다

---

speak
spoke 말했다/구사했다

01 패턴 speak > (누구와) 말하다

Hello, Amy is **speaking**.

여보세요, / 에이미가 / **말하고 있습니다**(=전화를 받았습니다).

---

02 패턴 speak + 무엇 > 무엇을 구사하다

I can **speak** a little English.

나는 / **구사할 수 있다** / 약간의 영어를.

a little
약간(의)

---

talk
talked 이야기했다

03 패턴 talk about + 무엇 > 무엇에 대해 이야기하다

I do not want to **talk** about it.

나는 / 원하지 않는다 / **이야기하기를** / 그것에 대해.

---

04 패턴 talk to + 누구 > 누구와 이야기하다

Can I **talk** to you later?

~해도 될까 / 내가 / **이야기해도** / 너와 / 나중에?

later
나중에

*talk 뒤에는 to 대신 with도 자주 써요. → Can I talk with you later?

tell 38.8만번	**say** 191만번
말해주다	말하다

tell   told 말해줬다

05 패턴 tell + 누구 + 무엇 > 누구에게 무엇을 말해주다

Don't **tell** him my secret.

말해주지 마라 / 그에게 / 나의 비밀을.

secret
비밀

06 패턴 tell + 누구 + that 문장 > 누구에게 문장이라고 말해주다

I **told** her that she is pretty.

나는 / **말해줬다** / 그녀에게 / 그녀가 예쁘다고.

*두 가지 패턴 모두 '주다 패턴'이에요.

say   said 말했다

07 패턴 say + 무엇 > 무엇을 말하다

Don't **say** a word.

말하지 마라 / 한 마디도.

word
단어, 말

08 패턴 say that + 문장 > 문장이라고 말하다

I **said** that I could not go to the party.

나는 / **말했다** / 내가 / 갈 수 없다고 / 파티에.

PLUS 03 시작하다 vs. 멈추다 vs. 계속하다

start 21.3만번 시작하다

begin 21.8만번 시작하다

start
started 시작했다

01 패턴 start + to 하다 > to 하기를 시작하다

She **started** to do the dishes.
그녀는 / **시작했다** / 설거지하기를.

do the dishes
설거지하다

02 패턴 start + 하다ing > ing 하기를 시작하다

It will **start** snowing soon.
(날씨가) / **시작될 것이다** / 눈이 오기 / 곧.

soon
곧, 머지않아

begin
began 시작했다

03 패턴 begin + to 하다 > to 하기를 시작하다

She **began** to cry.
그녀는 / **시작했다** / 울기를.

04 패턴 begin + 하다ing > ing 하기를 시작하다

This actor **began** acting 30 years ago.
이 연기자는 / **시작했다** / 연기하는 것을 / 30년 전에.

act 연기하다

stop 12.1만번	**continue** 12.6만번
멈추다	계속하다

stop
stopped 멈췄다

05 패턴 **stop + 하다ing** > ing 하기를 멈추다

She has to **stop** eating fast food.

그녀는 / **멈춰야** 한다 / 패스트푸드를 먹는 것을.

---

06 패턴 **stop + to 하다** > to 하기 위해 멈춰 서다

We **stopped** to have lunch.

우리는 / **멈춰 섰다** / 점심을 먹기 위해.

* stop 뒤에 to 동사가 오면 'to 하기 위해 (가던 길을) 멈추다'라고 해석해요.

continue
continued 계속했다

07 패턴 **continue + to 하다** > to 하기를 계속하다

He should **continue** to follow my lead.

그는 / **계속해야** 한다 / 내 지시를 따르는 것을(=나를 따르기를).   lead 지시, 지휘

---

08 패턴 **continue + 하다ing** > ing 하기를 계속하다

Let's just **continue** playing music.

그냥 **계속하자** / 음악을 연주하기를.

PLUS 04 to 동사하게 되다 & to 동사하고 싶다

happen 18.2만번 ~하게 되다

come 62.8만번 ~하게 되다

happen
happened ~하게 됐다

01 패턴 happen + to 하다 > to 하게 되다

I **happened** to see her on the bus.

나는 / (우연히) 그녀를 보게 **됐다** / 버스에서.

02 패턴 happen + to 하다 > to 하게 되다

He **happened** to get into trouble.

그는 / (우연히) 문제에 빠지게 **됐다**.

come
came ~하게 됐다

03 패턴 come + to 하다 > to 하게 되다

I **came** to like English in college.

나는 / 영어를 좋아하게 **됐다** / 대학에서.

college 대학

04 패턴 come + to 하다 > to 하게 되다

He **came** to know the truth.

그는 / 진실을 알게 **됐다**.

truth 진실

＊각각 '예전에는 좋아하지 않았다', '예전에는 몰랐다'라는 상황이 전제되어요.

love 10.3만번	**like** 18.2만번
~하고 싶다	~하고 싶다

love
loved ~하고 싶었다/좋아했다

05 **패턴** (would) love + to 하다 > to 하고 싶다

I would **love** to work for this company.
저는 / 이 회사에서 일**하고 싶습니다**.

06 **패턴** love + 하다ing > ing 하는 것을 좋아하다

She **loves** meeting new people.
그녀는 / **좋아한다** / 새로운 사람들을 만나는 것을.

meet
만나다

like
liked ~하고 싶었다/좋아했다

07 **패턴** (would) like + to 하다 > to 하고 싶다

I would **like** to have my hair cut.
저는 / 머리를 자르고 **싶습니다만**.

08 **패턴** like + 하다ing > ing 하는 것을 좋아하다

I used to **like** swimming.
나는 / **좋아하곤 했다** / 수영하는 것을.

used to 동사
~하곤 했다

*love/like to ~ 앞에 would를 쓰면 더 정중한 표현이 되어요.

PLUS 05 — to 동사하려 한다 & to 동사할 걸 기억하다

try 29.4만번
~하려 노력하다

mean 24.2만번
~하려 의도하다

try
tried 노력했다/시도했다

01 패턴 **try + to 하다** > to 하려 노력하다

You must **try** hard to win this game.

너는 / 열심히 **노력해**야만 한다 / 이 게임에서 이기려고.

hard 열심히

02 패턴 **try + 하다ing** > ing 하는 것을 시도하다

Let's **try** going to this new restaurant.

시도해 보자 / 이 새로운 식당에 가는 것을.

mean
meant 의도했다

03 패턴 **mean + to 하다** > to 하려 의도하다

I never **meant** to do you harm.

나는 / 결코 **의도하지** 않았다 / 너에게 피해를 주려.

harm
피해, 손실

04 패턴 **mean + 무엇** > 무엇을 의도하다

Thank you. I really **mean** it.

고마워. 그 말 **진심이야**.

remember 10.6만번	**forget** 4.5만번
기억하다	잊다

remember
remembered 기억했다

05 패턴 **remember + to 동사** > to 할 것을 기억하다

Remember to bring Jane to the party.

기억해라 / 파티에 제인을 데려올 것을.

06 패턴 **remember + 동사ing** > ing 한 것을 기억하다

I **remember** paying the bill in advance.

나는 / **기억한다** / 요금을 미리 지불한 것을.

forget
forgot 잊었다

07 패턴 **forget + to 동사** > to 할 것을 잊다

Don't **forget** to pay your bill.

잊지 마라 / 너의 요금을 지불할 것을.

bill
요금, 고지서

08 패턴 **forget + 동사ing** > ing 한 것을 잊다

He **forgot** paying the bill in advance.

그는 / **잊었다** / 요금을 미리 지불한 것을.

in advance
미리, 사전에

* remember와 forget 모두, 뒤에 to 동사가 오면 앞으로 할 일을,
동사-ing가 오면 과거에 했던 일을 나타내요.

패턴별 빈출동사

각 문장 패턴에서 쓸 수 있는 동사들을 빈출순으로 정리하였습니다.

● 가다 패턴   go + 어디 » 어디로 가다

115만	**go** 가다	go to the cafe 카페에 가다
99.2만	**get** 이르다	get to the office 사무실에 도착하다
62.8만	**come** 오가다	come into the room 방 안으로 들어오다
22.1만	**turn** 돌아서다	turn to the left 좌측으로 돌다
17.9만	**move** 이동하다	move out 이사해 나가다
18.7만	**run** 달려가다	run up the stairs 계단을 뛰어 올라가다
11.3만	**walk** 걸어가다	walk down the street 거리를 걸어 내려가다
8만	**drive** 운전해 가다	drive to work 직장으로 운전해 가다
7.9만	**break** 뚫고 가다	break into a house 가정집에 침입하다
4.1만	**fly** 날아가다	fly to the U.S. 미국으로 날아가다
4.1만	**head** 향하다	head for a destination 목적지로 향하다
3.5만	**travel** 여행 가다	travel to the U.S. 미국으로 여행 가다

+ **sail**(항해해 가다), **arrive**(도착하다), **step**(발걸음을 내딛다) 등

있다 패턴   be + 어디 » 어디에 있다

1254만	**be** 있다	be in the office 사무실에 있다
17.6만	**live** 거주하다	live in Korea 한국에 거주하다
14만	**stand** (서) 있다	The castle is standing on a hill. 성이 언덕 위에 우뚝 서 있다.
9.6만	**stay** 머무르다	stay at home 집에 머무르다
5.1만	**lie** ~에 (놓여) 있다	Happiness does not lie in wealth. 행복은 부유함에 있지 않다.

+remain(남아 있다), sit(위치해 있다), wait(기다리다) 등

되다 패턴   go + 어떠하다 » 어떠하게 되다

115만	**go** 되다	go bad 상하게 되다
99.2만	**get** 되다	get sick 아프게 되다
62.8만	**come** 되다	Dreams come true. 꿈은 현실이 된다(= 이루어진다).
25.9만	**become** 되다	The road became jammed. 길이 꽉 막히게 됐다.
22.1만	**turn** 되다	Leaves turned yellow. 잎들이 노랗게 됐다.
18.7만	**run** 되어버리다	run short 부족하게 되어버리다

+grow(점점 ~해지다), fall(~하게 되어버리다), break(갑자기 ~되다) 등

이다 패턴   be + 어떠하다 » 어떠하다

1254만	**be** 이다	be old 늙었다

● 가게 하다 패턴   get + 무엇 + 어디 » 무엇을 어디에 가게 하다

99.2만	**get** 이르게 하다	get him into trouble 그를 문제에 빠지게 하다
67만	**take** 데려가다	take her home 그녀를 집으로 데려가다
22.1만	**turn** 돌리다	turn a gun on me 총을 나에게 돌리다
17.9만	**move** 이동시키다	move the car there 차를 저기로 옮기다
17.4만	**bring** 가져가다	bring food to the party 음식을 파티에 가져오다
12.2만	**lead** 이끌다	lead us to victory 우리를 승리로 이끌다
9.6만	**send** 보내다	send a letter to him 그에게 편지를 보내다
8.6만	**pass** 전하다	pass the ball to Beckham 베컴에게 공을 패스하다
7.9만	**carry** (실어) 나르다	carry the bag to his room 가방을 그의 방으로 나르다

+ throw, push, fly(날려 보내다), return(돌려보내다) 등

⊕ 있게 하다 패턴   put + 무엇 + 어디 » 무엇을 어디에 있게 하다

23.7만	**put** 두다	put the book on the table 책을 탁자 위에 두다
23.1만	**keep** 있게 하다	Keep it to yourself. 그것을 자신에게만 있게 해라. (=비밀로 해라)
17.7만	**hold** 붙들다	Hold it in your hand. 그것을 네 손에 붙들고 있어라.
12.7만	**set** 두다	set chairs around the table 의자들을 탁자 주변에 놓아두다

+ leave(놓아두다), lay(놓아두다), place(위치시키다) 등

되게 하다 패턴 `have + 무엇 + 어떠하다` » 무엇을 어떠하게 하다

430만	**have** 되게 하다	have the AC fixed 에어컨을 고쳐지게 하다
99.2만	**get** 되게 하다	get the car fixed 차를 고쳐지게 하다
85.7만	**make** 되게 만들다	make people sleepy 사람들을 졸리게 만들다
22.1만	**turn** 되게 하다	turn the radio down 라디오(소리)를 줄어들게 하다
12.7만	**set** 되게 하다	set the bird free 새를 자유롭게 하다

+ drive(~하게 몰아가다/만들다) 등

하게 두다 패턴 `leave + 무엇 + 어떠하다` » 무엇을 어떠하게 두다

24만	**leave** 하게 두다	leave him alone 그를 혼자 있게 두다
23.1만	**keep** 하게 지키다	keep him warm 그를 따듯하게 하다
17.7만	**hold** 하게 붙들다	hold the door open 문을 열려 있게 붙들다

하다 패턴 `do + 무엇` » 무엇을 하다   `무엇 + work` » 무엇이 작동하다

257만	**do** 하다	do your homework 너의 숙제를 하다
38.4만	**give** 해주다	give a presentation 발표를 하다
18.8만	**play** 하다/ 연주하다	play soccer / play the piano 축구를 하다 / 피아노를 연주하다
31.8만	**work** 작동하다	the AC works 에어컨이 작동한다

18.7만	**run** 작동하다	the program runs 프로그램이 작동한다
17.9만	**move** 움직이다	products move 제품이 움직이다(=팔리다)
13.3만	**pay** 값을 하다	Hard work pays off. 고된 일은 제값을 한다.

● 가지다 패턴   have + 무엇 » 무엇을 가지다

430만	**have** 가지고 있다	have trouble 문제를 가지고 있다
99.2만	**get** 얻다	get a discount 할인을 얻다
67만	**take** 취하다(=잡다)	take a chance 기회를 취하다(=잡다)
23.1만	**keep** 계속 가지고 있다	Keep the change. 잔돈은 가지세요.
17.7만	**hold** 가지고 있다	hold shares in a company 회사 주식을 보유하다
11.1만	**win** 따내다	win a gift 사은품을 따내다
8만	**receive** 받다	receive a present 선물을 받다
3.4만	**own** 소유하다	own a car 자동차를 소유하다

↔ lose 무엇을 잃다·잃어버리다

● 하게 하다 패턴   have + 무엇 + 동사하다 » 무엇이 동사하게 하다

| 430만 | **have** 하게 하다 | have me do the dishes
내가 설거지하게 하다 |

99.2만	**get** 하게 하다	get me to work 내가 일하게 하다
85.7만	**make** 하게 만들다	make people smile 사람들이 미소 짓게 만들다
51.4만	**want** 해주기를 원하다	want you to leave 네가 떠나기를 원하다(=해줬으면 좋겠다)
28.4만	**ask** 요청하다	ask you to leave 네가 떠나도록 요청하다(=해줘야겠다)
27.6만	**need** 필요가 있다	need you to clean the room 네가 방을 청소할 필요가 있다(=해줘야겠다)
24만	**let** 하게 해주다	let it go 그것이 가도록 해주다(=놓아주다)
21.6만	**help** 하도록 돕다	help me carry bags 내가 가방을 들도록 돕다
11.4만	**allow** 하게 허락하다	allow you to go 네가 가게 허락하다
6.4만	**cause** 하도록 (유발)하다	cause food to go bad 음식이 상하도록 유발하다

+ expect(기대하다), require(요구하다), force(강요하다), enable(가능하게 하다), encourage(부추기다, 독려하다) 등

● 주다 패턴　do + 누구 + 무엇 » 누구에게 무엇을 해주다

257만	**do** 해주다	do me a favor 나에게 친절한 행위를 해주다
99.2만	**get** 구해다 주다	get me some medicine 나에게 약을 좀 구해다 주다
85.7만	**make** 만들어주다	make us breakfast 우리에게 아침식사를 만들어주다
38.4만	**give** 주다	give me a wake-up call 나에게 모닝콜을 해주다

24만	**leave** 남겨주다	leave me some cookies 나에게 약간의 쿠키를 남겨주다
17.4만	**bring** 가져다주다	bring her flowers 그녀에게 꽃을 가져다주다
13.3만	**pay** 지불해주다	pay him $10 그에게 10달러를 지불해주다
11.4만	**read** 읽어주다	read me bedtime stories 나에게 잠자리 동화를 읽어주다
11.4만	**allow** 허락해주다	allow you one day off 너에게 하루 휴가를 허락해주다
10.6만	**offer** 제안·제공해주다	offer me a job 나에게 일자리를 제안해주다
10.1만	**buy** 사주다	buy me a present 나에게 선물을 사주다
9.9만	**serve** 제공하다	serve me coffee 나에게 커피를 제공하다
9.6만	**send** 보내주다	send him a letter 나에게 편지를 보내주다
8.6만	**pass** 건네주다	pass me the salt 나에게 소금을 건네주다

+ send, write, open, show, tell, teach 등

● **생각하다** 패턴　**think + (that) 문장** » 문장이라고 생각하다

77.2만	**think** ~라고 생각하다	think (that) she is pretty 그녀가 예쁘다고 생각하다
66.3만	**see** ~라고 알다·보다	see that this is true 이것이 진실이라고 생각하다
49.1만	**look** ~인 것 같다	It looks like I will be late. 내가 늦을 것 같다.

39.5만	**find** ~라고 생각하게 되다	find (that) cooking could be fun 요리가 재미있을 수 있다고 생각하게 되다
27.5만	**feel** ~인 것 같다	It feels like it may rain. 비가 올 수도 있을 것 같다.
21.9만	**seem** ~인 것 같다	It seems like you are busy. 네가 바쁜 것 같다.
17.8만	**believe** ~라고 믿다	believe (that) she will win 그녀가 이길 것이라고 믿다
10.1만	**consider** ~라고 생각하다	consider (that) this is the best option 이것이 최선의 선택이라고 생각하다

+imagine(상상하다), guess(추측하다), suppose(추측하다) 등

⊕ 여기다 패턴
find + 무엇 + 어떠하다 » 무엇을 어떠하다고 여기다
think + 무엇 + to be~ » 무엇을 ~라고 여기다

77.2만	**think** ~라고 생각하다	think him to be a genius 그를 천재라고 생각하다
39.5만	**find** 어떠하다고 여기다	find it useful 그것을 유용하다고 여기다
17.8만	**believe** ~라고 믿다	believe her to be honest 그녀를 정직하다고 믿다
10.1만	**consider** 어떠하다고 여기다	Consider yourself lucky. 너 자신을 운 좋다고 여겨라. (=운 좋은 줄 알아)
2.8만	**count** 어떠하다고 여기다	Count yourself lucky. 너 자신을 운 좋다고 여겨라. (=행운아라고 생각해라)

가장 많이 쓰는 41개 빈출 동사로
9개 기초 문장 패턴 완성!

매일 10분
기초 영어 패턴의 기적

영어패턴이 보이고
영어회화가 된다

초판 4쇄 발행 2024년 2월
저 자 키 영어학습방법 연구소
펴낸이 김기중
펴낸곳 ㈜키출판사
전 화 1644-8808
팩 스 02)733-1595
등 록 1980. 3. 19.(제16-32호)

Copyright © 키출판사
정가 12,000원

이 책의 무단 복제, 복사, 전재는 저작권법에 저촉됩니다.
잘못 만들어진 책은 구입처에서 바꾸어 드립니다.
ISBN 978-89-7457-456-7 (13740)